초스피드
JPT 100 UP

보고사

저자 · **최은준**

한국 호텔리어 아카데미 호텔실무일어 전임강사
군장대학 호텔경영학과 겸임교수
한국능률협회 / LG전자 JPT강사
한성전문학교 관광통역과 전임강사

저서 : 집중공략 JPT600 (좋은글 刊)
　　　 집중공략 JPT800 (좋은글 刊)
　　　 일본어 관광통역가이드 시험 (동양문고 刊)

JPT 초스피드 100UP

초판발행　2004년 8월 31일

지은이 · 최은준
발행인 · 김흥국
발행처 · 도서출판 **보고사** (등록 제6-0429)
　　　　　서울시 성북구 보문동 7가 11번지 2층
TEL · 922-5120~1(편집부) / 922-2246(영업부)
FAX · 922-6990
E-mail / kanapub3@chol.com
Home-page / www.bogosabooks.co.kr

ISBN · 89-8433-260-7
정　가 · 12,000원 (Tape 포함)

머리말

'초스피드 JPT100up'은 일본어 초급 이상 중급 학습자가 단기간에 JPT일본어능력시험에서 좋은 점수를 얻을 수 있도록 만들어진 어휘/문제집입니다. 현재의 자기 실력에서 100점 이상 UP할 수 있도록 기본기를 만들어 주는 독학용 지침서입니다.

이 책은 일본어시험대비 전문 강사로 활동해온 저자가, 학생들을 다년간 지도하면서 체득한 노하우와 철저한 경향분석을 통해, JPT일본어능력시험 수험생들이 꼭 알아야 할 중요표현, 문법사항, 분야별 어휘 등 시험대비에 필요한 사항을 빠짐없이 총정리해 놓았으며, 연습문제를 통해 시험유형에 적응하고, 실전 모의테스트를 통해 실전감각을 충분히 익힐 수 있도록 하였습니다.

외국어는 우보천리(牛步千里)의 마음으로 차근차근 한 발 한 발 노력해 나아갈 때, 쉽게 무너지지 않는 결실이 맺어진다고들 합니다. 짧은 시간 내에 외국어 실력을 향상시킨다는 것은 그만큼 어렵다는 의미이겠지만, JPT일본어능력시험만을 놓고 볼 때, 반드시 그렇지도 않습니다.
JPT일본어능력시험은 효율적인 시험공부를 통해 최단기간 내에 분명 고득점이 가능한 시험입니다.

이 책이 JPT일본어능력시험을 준비하는 수험생들의 빠르고 바른 길잡이가 되어 주리라 확신하며, 부디 여러분의 한결같은 노력이 눈부신 실력 향상에 일조하기를 간절히 바랍니다.

목차

JPT일본어능력시험 소개

　　JPT 日本語能力試驗은 학문적인 일본어 지식의 정도를 측정하기 위한 시험이 아닌 언어 본래의 기능, 즉 의사소통능력을 측정하기 위한 것이다.

　　본 시험은 청해와 독해 Test만으로도 Speaking능력과 Writing능력을 간접적으로 평가할 수 있게 하였으며, 각 Part 별로 쉬운 문항에서 어려운 문항들을 고르게 분포시키는 등 각각의 문제에 대한 객관성, 실용성, 신뢰성을 유지하여 수험자의 언어구사 능력을 정확하게 측정하고 있다.

	유형	시간	문항수	배점
청해	Part1 : 사진묘사 Part2 : 질의응답 Part3 : 회화문 Part4 : 설명문	45분	20문항 30문항 30문항 20문항	495점
독해	Part5 : 정답찾기 Part6 : 오문정정 Part7 : 공란메우기 Part8 : 독해	50분	20문항 20문항 30문항 30문항	495점

　　45분 동안 100문제나 풀게 되는 「청해」에서 집중력을 유지하기란 쉽지 않다.

　　50분 동안 100문제를 풀게 되는 「독해」에서 시간 배분에 성공하기 또한 쉽지 않다.

　　이러한 어려움들을 연습을 통해 극복할 때 고득점의 길은 열리는 것이다.

　　아울러, 일본식 표현, 관용표현, 실용적이고 짧은 회화문에 익숙해져야 하며, 일본사정과 일본 현지에서 보거나 들을 수 있는 실용문 위주의 학습이 필요하다.

Japanese Proficiency Test

PART1
사진묘사

사진이라는 시각적인 수단을 통해 청취력과 순간적인 판단력을 측정하는 사진묘사 문제는 비교적 득점하기 쉬운 파트이므로 실수를 하지 않도록 주의해야 한다.

사진은 모두 일본의 생활상이나 풍경 등을 찍은 것으로, 「사람」이 나왔을 경우에는 자세와 동작, 복장과 휴대한 물건 등을 눈여겨보고, 「사물」이 나왔을 경우에는 그 사물의 위치, 상태, 쓰임 등을 재빨리 파악해야 한다.

특히, 「표지판」 사진문제는 빠른 이해가 요구되는데, 문제가 나오기 전에 지시하는 내용이나 숫자 등은 반드시 확인해 둔다.

엄청 중요한

동작 · 자세 · 방향 · 상태 동사 및 어휘

★
＝お辞儀をする

挨拶をする : 인사를 하다★

→ 教会の前で人々が挨拶をしている。

(교회 앞에서 사람들이 인사를 하고 있다)

★★
↔うつむく /
うなだれる
(고개를 숙이다)

仰ぐ : 얼굴을 치켜들다★★

→ 仰いで何かを見ている。(얼굴을 들고 무언가를 보고 있다)

あくびをする : 하품을 하다

→ あくびをしながらバスを待っている。

(하품을 하면서 버스를 기다리고 있다)

あぐらをかく : 책상다리를 하다

→ 地面にあぐらをかいて座っている。

(땅에 책상다리를 하고 앉아있다)

開けっぱなしになっている : 열린 채로 되어 있다

→ ライトバンのドアが開けっぱなしになっている。

(라이트 밴의 문이 열린 채로 되어 있다)

足を広げる : 발을 벌리다

→ 足を広げて座っている。(발을 벌리고 앉아 있다)

居眠りをする : 앉아서 졸다

　➡️　口を開けて居眠りをしている。(입을 벌리고 앉아 졸고 있다)

植える : (나무 등을) 심다

　➡️　家の回りに木がたくさん植えてある。

　　　(집 주위에 나무가 많이 심어져 있다)

うつ伏せになる : 엎드리다★

　➡️　うつ伏せになって本を読んでいる。(엎드려서 책을 읽고 있다)

生い茂る : 우거지다

　➡️　並木が生い茂っている。(가로수가 우거져 있다)

覆う : 덮다, 감싸다

　➡️　ベッドはカバーで覆われている。(침대는 커버로 덮여 있다)

お祈りをする : 기도를 하다

　➡️　お寺の前で人々がお祈りをしている。

　　　(절 앞에서 사람들이 기도를 하고 있다)

横断歩道を渡る : 횡단보도를 건너다

　➡️　大勢の人が横断歩道を渡っている。

　　　(많은 사람들이 횡단보도를 건너고 있다)

抱える : 팔에 안다★★

　➡️　カバンを小脇に抱えている。

　　　(가방을 겨드랑에 끼고 있다)

★
↔ 仰向けになる
(배를 위로 향하여
눕다)

★★
↔ 背負う
(등에 업다, 매다)

かがめる : 몸을 굽히다
➡ 男の人が腰をかがめて鳥にエサをやっている。
(남자가 허리를 굽혀서 새에게 먹이를 주고 있다)

掻く : 긁다　　＊掻き上げる(쓸어 올리다)
➡ 左手で頭を掻いている。(왼손으로 머리를 긁고 있다)
➡ 前髪を掻き上げている。(앞머리를 쓸어 올리고 있다)

飾る : 장식하다, 꾸미다
➡ 店にきれいに飾られている。(가게에 예쁘게 꾸며져 있다)

肩車する : 목마 태우다
➡ 男の人が赤ちゃんを肩車している。
(남자가 아기를 목마 태우고 있다)

★
↔ 両手をあげる
(두 손을 들다)

片手をあげる : 한쪽 손을 들다★
➡ 片手をあげてタクシーを拾っている。
(한쪽 손을 들고 택시를 잡고 있다)

片付ける : 정리[정돈]하다
➡ 夫婦が部屋を片付けている。(부부가 방을 정돈하고 있다)

傾ける : 기울이다, 갸우뚱하다
➡ 子供が首を傾けている。(아이가 고개를 갸우뚱하고 있다)

担ぐ : 메다. 짊어지다
➡ 若者がリュックを担いでいる。
(젊은이가 배낭[배낭 모양의 작은 가방]을 메고 있다)

かばん(バッグ)を提げる : 가방(백)을 들다

➡ 右手にかばんを提げている。(오른손에 가방을 들고 있다)

くぐる : 빠져나가다★

➡ 垣根をくぐっている。(울타리 밑으로 빠져나가다)

組む : 足を組む(다리를 꼬고 앉다)

腕を組む(팔짱을 끼다)

肩を組む(어깨동무를 하다)

手を組む(손을 맞잡다)

➡ 前の列に腕を組んでいる人がいる。

(앞 열에 팔짱을 끼고 있는 사람이 있다)

腰掛ける : 걸터앉다★★

➡ 机に腰掛けて書類を片付けている。

(책상에 걸터앉아서 서류를 정리하고 있다)

腰を下ろす : 앉다★★★

➡ 男の人が腰を下ろして鳥にエサをやっている。

(남자가 앉아서 새에게 먹이를 주고 있다)

転がる : 구르다, 뒹굴다

➡ かみくずがあっちこっち転がっている。

(휴지가 여기저기 뒹굴고 있다)

混雑している : 혼잡하다

➡ 身動きがとれないほど混雑している。

(꼼짝할 수 없을 정도로 혼잡하다)

★
=くぐりぬける

★★
=掛ける

★★★
=座る

(～を) 支える : (～을) 떠받치다

➡ 作業員が何かを支えている。(작업원이 무언가를 떠받치고 있다)

(～を) 差し出す : (～을) 내밀다

➡ 従業員に手を差し出している。(종업원에게 손을 내밀고 있다)

しゃがむ : 웅크리고 앉다

➡ 男の人がしゃがんで鳥にエサをやっている。

(남자가 웅크리고 앉아 새에게 먹이를 주고 있다)

背伸びをする : 손을 치켜 뻗다

➡ 家族みんなで背伸びをしている。

(가족 모두가 손을 치켜 뻗고 있다)

背を向ける : 등을 돌리다

➡ パチンコに背を向けて座っている。(파칭코에 등을 돌리고 앉아 있다)

そびえ立つ : 우뚝 솟다

➡ 同じ高さのビルが隣り合わせにそびえ立っている。

(같은 높이의 빌딩이 옆으로 나란히 우뚝 솟아 있다)

倒れる : 쓰러지다

➡ 道路の両側に大きな木が倒れている。

(도로 양쪽에 커다란 나무가 쓰러져 있다)

★
= だっこする
↔ 負う・おぶう
・おんぶする(업다)

抱く : [팔, 가슴에] 안다★

➡ 着物を着た女の人が赤ちゃんを抱いている。

(기모노를 입을 여자가 아기를 안고 있다)

立ち往生する : 선 채로 꼼짝 못하다

➡ 渋滞で車が立ち往生している。(정체 때문에 차가 꼼짝 못하고 있다)

立てる : 세우다

➡ 旗が立ててある。(깃발이 세워져 있다)

散らばる : 흩어지다

➡ スーツが部屋に散らばっている。(옷들이 방에 여기저기 흩어져 있다)

掴む : 붙잡다. 쥐다

➡ 男の人の腕をしっかり掴んでいる。(남자의 팔을 꽉 붙잡고 있다)

つく : 杖をつく(지팡이를 짚다)　　尻をつく(엉덩이를 땅에 대고 앉다)

　　　手をつく(손을 짚다)　　頬杖をつく(턱을 괴다)

➡ 女の人が頬杖をついたまま寝ている。

　　(여자가 턱을 괸 채로 자고 있다)

(~に) 手を当てる : (~에) 손을 대다

➡ お互いの顔に手を当てている。(서로의 얼굴에 손을 대고 있다)

手を叩く : 손뼉을 치다

➡ 手を叩いて歌を歌っている。(손뼉을 치며 노래를 부르고 있다)

手をつなぐ : 손을 잡다

➡ 女の人が二人、手をつないで歩いてくる。

　　(여자 두 명이 손을 잡고 걸어온다)

手を振る：손을 흔들다

➡️ 女の人が手を振りながら歩いてくる。

(여자가 손을 흔들며 걸어온다)

積む：쌓다

➡️ 商品が自転車に積んである。(상품이 자전거에 쌓여있다)

通りすぎる：지나쳐 가다

➡️ トラックの横を通りすぎようとしている。

(트럭 옆을 지나가려 하고 있다)

止める：세우다

➡️ 2台のバイクが止めてある。(2대의 오토바이가 세워져있다)

取り囲む：둘러싸다, 포위하다

➡️ ビルに取り囲まれて駐車場がある。(빌딩에 둘러싸여 주차장이 있다)

眺める：바라보다

➡️ 男の人が列車の時刻表を眺めている。

(남자가 열차 시각표를 바라보고 있다)

並ぶ(自)：늘어서다　　＊並べる(他)：늘어놓다, 나란히 하다

➡️ いろんな野菜が店頭に並んでいる。

(여러 가지 야채가 가게 앞에 늘어서 있다)

握る：잡다, 쥐다

➡️ 前の列の人はみんな手を握っている。

(앞 열에 있는 사람들은 모두 손을 잡고 있다)

賑わう : 활기차다, 붐비다

➡️ デパートは買い物客で賑わっている。

(백화점은 쇼핑객으로 붐비고 있다)

寝る : 자다. 눕다　　　*寝転ぶ(뒹굴다)

➡️ ベビーカーの中で赤ちゃんが寝ている。

(베이비 카 안에서 아기가 자고 있다)

載せる : 싣다

➡️ トラックに荷物を載せている。(트럭에 짐을 싣고 있다)

(～を) のぞく : (～을) 들여다보다(のぞき込む)

➡️ 橋の上から池をのぞき込んでいる。

(다리 위에서 연못을 들여다보고 있다)

伸ばす : 뻗치다, 내밀다

➡️ お金を入れようと右手を伸ばしている。

(돈을 넣으려고 오른손을 내밀고 있다)

拍手をする : 박수를 치다

➡️ 舞台に向かって拍手をしている。(무대를 향해서 박수를 치고 있다)

(～に) 話しかける : (～에게) 말을 걸다

➡️ 隣りの人に話しかけている。(옆 사람에게 말을 걸고 있다)

貼る : 붙이다

➡️ 選挙のポスターがべたべたと貼ってある。

(선거 포스터가 다닥다닥 붙어 있다)

ひざまずく : 무릎을 꿇다
➡ 子供がひざまずいて泣いている。(아이가 무릎을 꿇고 울고 있다)

★
= 引く
↔ 押す(밀다)

引っ張る : 잡아당기다★
➡ 女の人がひもを引っ張っている。(여자가 줄을 잡아당기고 있다)

拭く : 닦다
➡ おじいさんがドアの表側を拭いている。
(할아버지가 문 바깥쪽을 닦고 있다)

振り向く : 뒤돌아보다
➡ 眼鏡をかけた店員は振り向いている。
(안경을 낀 점원은 뒤돌아보고 있다)

行き交う : 오가다, 왕래하다
➡ お寺の門の前を人々が行き交っている。
(절 문 앞을 사람들이 오가고 있다)

指さす : 손가락으로 가리키다
➡ 男の人が列車の時刻表を指さしている。
(남자가 열차 시각표를 손가락으로 가리키고 있다)

横切る : 횡단하다
➡ 40代の女の人が道路を横切っている。
(40대 여자가 도로를 횡단하고 있다)

横倒しになる : 옆으로 쓰러지다
➡ 木材が横倒しになっている。(목재가 옆으로 쓰러져 있다)

横になる：가로눕다★

➡ 公園のベンチで横になる。(공원 벤치에서 눕다)

混ぜる：섞다

➡ 箸で料理を混ぜている。(젓갈로 요리를 섞고 있다)

人がまばらだ：사람이 드문드문 있다★★

➡ アーケードの中には人がまばらだ。

(아케이드 안에는 사람이 드문드문 있다)

回る(自)：돌다　＊回す(他)：돌리다

➡ 池の周りを回っている。(연못 주위를 돌고 있다)

見上げる：올려다 보다★★★

➡ 一番前の人は見上げている。

(가장 앞에 있는 사람은 올려다보고 있다)

見合わせる：마주보다

➡ 二人は顔を見合わせている。

(두 사람은 얼굴을 서로 마주보고 있다)

道が込んでいる：길이 복잡하다★★★★

➡ 事故で道が込んでいる。(사고 때문에 길이 정체되고 있다)

向かい合う：마주 보다

➡ アパートが向かい合って並んでいる。

(아파트가 마주 보고 나란히 있다)

★
＝横たわる

★★
↔ 人で溢れる
(사람들로 넘치고
있다)

★★★
↔ 見下ろす
(내려다 보다)

★★★★
＝ 渋滞する
↔ 道が空いてい
る(길이 한산하다)

向く(自) : 향하다　＊向ける(他) : 향하다

➡ 電話をかけている人は、二人ともこっちを向いている。
(전화를 걸고 있는 사람은 둘 다 이쪽을 향해 있다)

結ぶ : 잇다, 묶다, 맺다

➡ 靴のひもを結んでいる。(구두끈을 묶고 있다)

(〜に) もたれる : (〜에) 기대다

➡ 壁にもたれて話をしている。(벽에 기대어 이야기를 하고 있다)

盛り付ける : 쟁반 따위에 보기 좋게 담다

➡ 箸で料理を盛り付けている。(젓갈로 요리를 보기 좋게 담고 있다)

両足を揃える : 양발을 가지런히 모으다

➡ 両足を揃えて座っている。(양발을 가지런히 모으고 앉아 있다)

Ⅰ．次の写真を見て、その内容にあっている表現を(A)から(D)の中で一つ選んで
　　ください。

01

02

03

04

Part1. EXERCISE 해석 및 해설

◆사람의 동작 1~5번

정답 B

01. (A) 右手で地図を取っています。
(B) 右手で案内板を指しています。
(C) 左手で地図を指しています。
(D) 左手で地図を持っています。

・・・ ・指す : 가리키다, 향하다

(A) 오른손으로 지도를 잡고 있습니다.
(B) 오른손으로 안내판을 가리키고 있습니다.
(C) 왼손으로 지도를 가리키고 있습니다.
(D) 왼손으로 지도를 들고 있습니다.

정답 B

02. (A) 男の人はベンチにもたれて座っています。
(B) 男の人は両足をそろえて座っています。
(C) 女の人はあぐらをかいて座っています。
(D) 女の人は足をひろげて座っています。

・・・ ・~に もたれる : ~에 기대다　　・両足を揃える : 양 발을 가지런히 하다
　　・あぐらをかく : 책상다리를 하다　　・足を広げる : 발을 벌리다

(A) 남자는 벤치에 기대어 앉아 있습니다.
(B) 남자는 양 발을 가지런히 하고 앉아 있습니다.
(C) 여자는 책상다리를 하고 앉아 있습니다.
(D) 여자는 다리를 벌리고 앉아 있습니다.

정답 C

03. (A) 皆、お揃いのヘアースタイルをしています。
(B) 真ん中の子は三つあみをしています。
(C) 個性豊かなヘアースタイルをしています。
(D) きばつなヘアースタイルで回りの人は驚いています。

・ ・お揃い : 모두 갖추어짐, (빛깔·무늬 등이) 모두 같음

  ・真ん中 : 한가운데   ・三つあみ : 세 갈래로 땋다

  ・個性豊かな : 개성이 풍부한   ・奇抜な : 기발한

(A) 모두 같은 머리 모양을 하고 있습니다.

(B) 한 가운데 아이는 머리를 세 갈래로 땋고 있습니다.

(C) 개성이 풍부한 머리 모양을 하고 있습니다.

(D) 기발한 머리 모양 때문에 주위 사람들은 놀라고 있습니다.

04. (A) 手前の二人は池の中をのぞいています。

   (B) 手前の二人は池の中でおぼれています。

   (C) 後方の人は皆肩を組んでいます。

   (D) 後方の人は池の中をのぞき込んでいます。

・ ・手前 : 바로 앞   ・覗く : 들여다 보다, 내려다 보다, 잠깐 들르다

  ・溺れる : 빠지다, 탐닉하다   ・後方 : 뒷 쪽

  ・肩を組む : 어깨동무를 하다

  * 「組む」와 관련하여 자주 출제된다.

  예) 足を組む(다리를 꼬고 앉다) 手を組む(손을 맞잡다) 腕を組む(팔짱을 끼다)

(A) 바로 앞의 두 사람은 연못 안을 들여다보고 있습니다.

(B) 바로 앞의 두 사람은 연못 안에 빠져 있습니다.

(C) 뒤쪽 사람들은 모두 어깨동무를 하고 있습니다.

(D) 뒤쪽 사람들은 연못 안을 들여다보고 있습니다.

05. (A) 橋の上には大勢の人々が行き交っています。

   (B) 混雑していて、多くの人が立ち往生しています。

   (C) 階段が気になり、みんな下を向いています。

   (D) ここは一方通行で、身動きがとれません。

・ ・行き交う : 오가다, 왕래하다   ・立ち往生 : 선 채로 오도 가도 못함

  ・向く : 향하다   ・一方通行 : 일방통행   ・身動きが取れない : 꼼짝도 못하다

(A) 다리 위에는 많은 사람들이 오가고 있습니다.

정답 A

정답 A

(B) 혼잡해서 많은 사람들이 오도 가도 못하고 있습니다.
(C) 계단이 신경 쓰이는지, 모두들 아래를 보고 있습니다.
(D) 여기는 일방통행으로 꼼짝할 수 없습니다.

◆사물의 상태 6~10번

정답 B

06. (A) 平屋建ての床屋さんです。

(B) 二階建てのヘアーサロンです。

(C) ビルの一階は床屋が入っています。

(D) 理容室の中の様子がよく見えます。

・・・ ・平屋建て : 단층집 구조　　・床屋さん : 이발소　　・二階建て : 2층 구조

・様子 : 상태, 모양, 모습, 낌새, 기색

(A) 단층집 구조의 이발소입니다.
(B) 2층 구조의 헤어살롱입니다.
(C) 빌딩의 1층은 이발소가 입주해 있습니다.
(D) 이발소 안의 상태가 잘 보입니다.

정답 A

07. (A) 車のうしろのドアが開けっ放しになっています。

(B) 車の後部ドアを開けて荷物を積んでいます。

(C) 車のドアを開けようとしています。

(D) 屋台のドアが開いたままになっています。

・・・ ・동사ます형 + っ放しになっている : ～인 채로 되어 있다.

・積む : 쌓다　　・屋台 : 포장마차　　・동사 과거형(た) + まま : ～한 채로

(A) 자동차 뒷문이 열려진 채로 되어 있습니다.
(B) 자동차 뒤쪽 문을 열고 짐을 쌓고 있습니다.
(C) 자동차 문을 열려고 하고 있습니다.
(D) 포장마차 문이 열려진 채로 되어 있습니다.

정답 D

08. (A) おつりは全部お札で受け取りました。

(B) お金は散らばって置かれています。

(C) 小銭を囲んでお札が並べられています。
(D) きれいに並んだお札の上に小銭が載っています。

・おつり：거스름돈　　・お札：지폐　　・散らばる：흩어지다
・小銭：잔돈　　・囲む：둘러싸다　　・載る：얹히다, (신문 등에) 실리다

(A) 거스름돈은 전부 지폐로 받았습니다.
(B) 돈은 여기저기 흩어져 놓여 있습니다.
(C) 잔돈을 둘러싸고 지폐가 가지런히 놓여져 있습니다.
(D) 예쁘게 늘어선 지폐 위에 잔돈이 얹혀져 있습니다.

09. (A) ここは自転車が通行できません。

(B) ここは自動車が通れません。

(C) ここは自転車を止めてもいいです。

(D) ここは自転車の通行が多いところです。

정답 **B**

・通行：통행　　・通る：지나다, 통하다　　・止める：세우다

(A) 여기는 자전거가 통행할 수 없습니다.
(B) 여기는 자동차가 지날 수 없습니다.
(C) 여기는 자전거를 세워도 됩니다.
(D) 여기는 자전거 통행이 많은 곳입니다.

10. (A) 満員バスがタクシーの横を通り過ぎたところです。

(B) 道の両側には大型のバスが止まっています。

(C) バスとタクシーがすれちがうところです。

(D) タクシーは信号が変わるのを待っています。

정답 **C**

・通り過ぎる：지나쳐 가다　　・동사 과거형 + ところ：막 ~한 참이다
・大型：대형　　・동사 기본형 + ところ：막 ~할 참이다
・すれちがう：스치듯 지나가다

(A) 만원버스가 택시 옆을 막 지나친 참입니다.
(B) 길 양쪽에는 대형 버스가 세워져 있습니다.
(C) 버스와 택시가 스치듯 지나치려는 참입니다.
(D) 택시는 신호가 바뀌는 것을 기다리고 있습니다.

Japanese Proficiency Test

PART2
질의응답

상대방의 물음에 상황이나 인물관계 등을 재빨리 파악하여 대답으로서 가장 적절한 것을 고르는 파트로, 수험자들이 은근히 많이 틀리는 부분이다.
테이프에서 질문이 들리는 즉시, 직접 자신이 대화에 참여하여 「적절한 대답/긍정·부정」등을 미리 예상해 두는 것이 요령이다.

① "직선적/단정적"인 대답보다는 "겸손/은유적"인 대답이 정답일 확률이 높다.
② 상대방의 말을 똑같이 따라하는 듯한 대답은 정답이 아닐 확률이 높다.
③ 우리말로 의미를 생각하면 답이 2~3개 되기도 한다.

엄청 중요한
관용표현

あ〜お

- 相性が合う : 서로 궁합이 맞다 ↔ 相性が合わない(궁합이 맞지 않다)
- 愛想がいい : 애교가 있다
- 愛想がつきる : 정나미 떨어지다
- 相づちを打つ : 맞장구를 치다
- あげ足を取る : 남의 말꼬리나 실언을 잡고 헐뜯다
- 足が出る : 예정보다 많은 돈을 쓰다
- 足が棒になる : 다리가 아프다
- 足並を揃える : 보조를 맞추다
- 足を洗う : 나쁜 일에서 손을 떼다
- 足を引っ張る : 방해하다, 물고 늘어지다
- 汗をかく : 땀을 흘리다(= 汗を流す)
- 頭が上がらない : 상대에게 어떤 이유 때문에 굴복하다, 큰소리를 못 치다
- 頭が堅い : 돌대가리다, 머리가 둔하다
- 頭が切れる : 머리가 뛰어나다
- 頭に来る : 열받다, 정신이 이상해지다
- 頭を絞る : 머리를 짜내다

- 呆気に取られる : 어안이 벙벙하다, 어이없다
- あっと言う間に : 눈 깜짝할 사이에
- 当てが外れる : 기대가 어긋나다
- 当てにならない : 믿을 수 없다, 불확실하다
- 油を売る : 잡담으로 시간을 허비하다
- いける口だ : 술을 꽤 마시는 사람이다
- 意地を張る : 고집을 부리다
- 一目置く : (자기보다 나은 사람에게) 한발 양보하다, 경의를 표하다
- いつの間にか : 어느 사이엔가
- 動きが取れない : 움직일 수 없다
- 腕が上がる : 솜씨가 늘다
- 腕をふるう : 실력을 발휘하다
- 瓜二つ : (세로로 쪼갠 오이처럼) 쏙 빼 닮다
- 大船に乗る : 안심하다
- お金を貯める : 돈을 모으다
- お辞儀をする : 인사[절]를 하다
- お世話になる : 신세를 지다 → 「世話(を)する, 世話を焼く」하면 '시중들다, 돌보다'의 뜻!!
- お茶を入れる : 차를 끓이다
- お茶を濁す : 적당히 그 자리를 얼버무리다
- 音がする : 소리가 나다 ⇒ 匂いがする(냄새가 나다)
- お腹を壊す : 배탈이 나다
- お腹がすく : 배가 고프다(＝お腹がペコペコだ)

- お風呂に入る : 목욕하다
- 思いも寄らない : 전혀 생각지도 않은

か～こ

- 顔がきく : 얼굴이 알려져 통하다
- 顔が立つ : 체면이 서다
- 顔が広い : 교제가 넓다, 안면이 넓다
- 顔から火が出る : 몹시 창피하다
- 風邪を引く : 감기에 걸리다
- 肩が凝る : 어깨가 뻐근하다(→ 肩の凝る話 : 어깨가 뻐근한[따분한] 이야기)
- 肩を並べる : 어깨를 나란히 하다
- 肩を持つ : 편들다
- 合点がいかない : 납득이 안 된다
- 気が大きい : 대범하다 ↔ 気が小さい(소심하다)
- 気がおけない : 마음을 터놓고 지낼 수 있다, 스스럼없다
- 気が利く : 생각이 세심한 곳까지 두루 미치다, 눈치가 빠르다
- 気が気でない : 제 정신이 아니다
- 気が進む : 마음이 내키다 ↔ 気が進まない(마음이 내키지 않는다)
- 気がする : 생각(느낌)이 들다
- 気がつく : 눈치 채다, 깨닫다, 정신이 들다
- 気が短い : 성질이 급하다
- 気嫌を取る : 비위를 맞추다

- 気に入る : 마음에 들다 ↔ 気にくわない / 気に入らない(마음에 들지 않다)
- 気に触る : 비위에 거슬리다, 불쾌하게 느끼다
- 気にする : 걱정하다(＝気にかける), 마음에 두다
- 気になる : 걱정되다, 궁금하다
- 気分がすぐれない : 컨디션이 좋지 않다
- 肝に銘じる : 명심하다
- 脚光を浴びる : 각광을 받다
- きりがない : 끝이 없다, 한이 없다
- 気を落とす : 실망[낙심]하다
- 気を配る : 배려하다, 주의하다
- 気をつける : 조심[주의]하다, 정신 차리다
- 口がうまい : 말을 잘 하다, 말솜씨가 좋다
- 口が重い : 말수가 적다, 과묵하다
- 口が軽い : 입이 가볍다 ↔ 口が堅い(입이 무겁다)
- 口がすっぱくなる : (같은 말을 여러 번 되풀이해서) 입에서 신물이 나다
- 口が滑る : 입을 잘못 놀리다
- 口にあう : 입에 맞다
- 口にする : 말하다(＝口をきく), 먹다
- 口を入れる : 말참견하다(＝口をはさむ, 口を出す)
- 愚痴をこぼす : 푸념하다
- 首にする : 해고하다

- 首を長くする : 학수고대하다, 목 빠지게 기다리다
- けりがつく : 결말이 나다
- 見当がつく : 짐작이 가다
- 心をこめる : 정성을 들이다
- 腰を抜かす : 몹시 놀라다
- 胡麻をする : 아첨하다
- 碁を打つ : 바둑을 두다 ⇒ 将棋をさす 장기를 두다

さ〜そ

- 座が白ける : 분위기가 썰렁해지다
- 才能に恵まれる : 재능을 타고나다
- さじを投げる : 포기하다
- 試験を受ける : 시험을 보다
- 試験に受かる : 시험에 합격하다
- 辞書を引く : 사전을 찾다
- 舌を巻く : 혀를 내두르다, 깜짝 놀라다
- しのぎを削る : 맹렬히 싸우다
- しゃくにさわる : 비위에 거슬리다
- 写真を撮る : 사진을 찍다
- 心配をかける : 걱정을 끼치다
- 隅に置けない : 여간내기가 아니다, 무시할 수 없다
- 席を外す : 자리를 비우다
- 相談に乗る : 상담에 응하다

た～と

- 太鼓判を押す：틀림없다고 보증하다
- 大事にする：소중히 하다
- 高を括る：하찮게 보다, 깔보다
- 棚に上げる：짐짓 모른 체하고 문제삼지 않다. 내버려두다.
- 力を入れる：(하는 일에) 힘을 쏟다, (남을 위해) 힘을 쓰다
- つき合いが悪い：사교성이 없다
- つじつまが合う：이치에 닿다
- 梅雨があける：장마가 끝나다
- 手数をかける：폐를 끼치다
- 手に余る：힘에 겹다, 벅차다
- 手を打つ：박수를 치다, 손을 쓰다
- 手を焼く：애를 먹다, 속 썩이다
- 年が明ける：새해가 밝다
- 途轍もない：터무니없다
- 途方に暮れる：어찌할 바를 모르다, 당황하다

な～の

- 長い目で見る：긴 안목으로 보다
- 日記をつける：일기를 쓰다
- にっちもさっちも行かない：이러지도 저러지도 못하다
- 二の足を踏む：망설이다, 주저하다
- 二の舞を踏む：전철을 밟다

- 猫の手も借りたい : 고양이 손이라도 빌리고 싶다(무척 바쁘다)

- 猫も杓子も : 어중이 떠중이 모두 다

- 根も葉もない : 근거가 없다

- 念を押す : 확인하다, 주의를 기울이다

- 喉から手が出る : 몹시 가지고 싶다는 욕망을 비유

は〜ほ

- 歯が立たない : 상대가 안 된다, 감당 못하다

- バカにならない : 무시할 수 없다

- 恥をかく : 창피를 당하다 (恥をかかせる[창피를 주다])

- 歯止めをかける : 브레이크를 걸다

- 鼻であしらう : 깔보아 냉담하게 대하다

- 鼻が高い : 거만하다, 콧대가 높다

- 鼻にかける : 자랑하다

- 鼻につく : 물리어 역겨워지다(＝嫌になる)

- 腹が黒い : 엉큼하다, 꿍꿍이속이 있다

- 腹を立てる : 화를 내다 (腹が立つ[화가 나다])

- 腹を割る : 숨김없이 털어놓다

- ひどい目にあう : 혼이 나다, 지독한 일을 당하다

- 一役買う : (자진해서) 한 역할을 맡다, 한몫 하다

- ピンからキリまで : 처음부터 끝까지

- 骨を折る : 수고하다, 애쓰다

ま～も

- 間に合う : 시간에 맞게 대다, ～없이도 충분하다
- 真似をする : 흉내를 내다
- 右に出る者がない : 그 보다 뛰어난 사람은 없다
- 見込みがある : 가능성(전망)이 있다
- 水入らず : 남이 끼지 않은 집안끼리
- 水に流す : 물에 흘려버리다(지나간 일은 없었던 것으로 하다)
- 水をさす : 물을 끼얹다, 방해하다
- 道草を食う : 길가는 도중에 딴 짓으로 시간을 보내다
- 身につける : 익히다, 몸에 걸치다
- 耳が痛い : (남의 말이 자신의 약점을 찔러) 듣기에 거북하다
- 耳にタコができる : 귀에 못이 박히다
- 耳を澄ます : 귀 기울여 듣다
- 見るに見かねる : 차마 볼 수 없다
- 虫が好かない : 어쩐지 싫다
- 夢中になる : 열심히 하다, 열중하다
- 胸を打つ : 감동을 주다
- 胸をなで下ろす : 안심하다
- 迷惑をかける : 폐를 끼치다
- 目がない : 홀딱 빠지다, 무척 좋아하다
- 目が回る : 무척 바쁘다
- めどがつく : 전망이 서다, 목표가 서다
- 目に余る : 눈꼴사납다

- 元も子も無くなる : 이익은 고사하고 본전까지 날리다
- 文句を言う : 불평을 하다

その他

- やきもちをやく : 질투하다(＝妬む, 嫉妬する)
- 役に立つ : 도움이 되다, 쓸모가 있다
- 弱音を吐く : 약한 소리를 하다
- 留守番をする : 집을 지키다
- 脇目を振らず : 한눈팔지 않고

Ⅱ. 次の言葉の返事として、もっとも適した答えを一つ選んでください。

01. 正しいものを一つ選んでください

02. 正しいものを一つ選んでください

03. 正しいものを一つ選んでください

04. 正しいものを一つ選んでください

05. 正しいものを一つ選んでください

06. 正しいものを一つ選んでください

07. 正しいものを一つ選んでください

08. 正しいものを一つ選んでください

09. 正しいものを一つ選んでください

10. 正しいものを一つ選んでください

11. 正しいものを一つ選んでください

12. 正しいものを一つ選んでください

13. 正しいものを一つ選んでください

14. 正しいものを一つ選んでください

15. 正しいものを一つ選んでください

16. 正しいものを一つ選んでください

17. 正しいものを一つ選んでください

18. 正しいものを一つ選んでください

19. 正しいものを一つ選んでください

20. 正しいものを一つ選んでください

Part2. EXERCISE 해석 및 해설

◆필수 응답 유형 1~10번

정답 B

01. お久しぶり。お元気ですか。

　　（A）ええ、少し元気です。

　　（B）ええ、おかげさまで。

　　（C）ええ、もちろんです。

　　（D）いいえ、どういたしまして。

••• 이 파트에서는 우리말로 생각하면 정답이 "2~3개"되기도 한다. 우선 다음과 같은 기본적인 응답 유형들에 익숙해지고, 가장~ 적절한 대답을 고르는 훈련이 필요하다.

오랜만이에요. 건강하십니까?
　　(A) 예, 조금 건강합니다.
　　(B) 예, 덕분에.
　　(C) 예, 물론입니다.
　　(D) 아니요, 천만에요.

정답 A

02. こんにちは。おでかけですか。

　　（A）ええ、ちょっとそこまで。

　　（B）ええ、何か。

　　（C）ええ、病院です。

　　（D）ええ、でかけます。

••• おでかけですか : 외출하세요? (어디에 가는지 궁금하다기보다는 '그냥 인사말' 정도로 생각하는 것이 좋다. 따라서, 대답하는 사람도 일반적으로 자세한 일정을 이야기해 주지 않는다)

••• 「(D) でかけます」처럼 먼저 말한 사람의 말을 똑같이 반복하는 듯한 대답도 오답일 확률이 높다.

안녕하세요? 외출하세요?
　　(A) 네, 이 근방에요.
　　(B) 네, 왜요?
　　(C) 네, 병원입니다.

(D) 네, 외출합니다.

03. いつもお世話になっております。

   （A）よろしくお願いします。

   （B）ええ、結構です。

   （C）ええ、そうですね。

   （D）いいえ、こちらこそ。

•••お世話になる : 신세를 지다 → 「世話(を) する」하면 '시중들다. 돌보다'의 뜻이 된다.

항상 신세지고 있습니다.
(A) 잘 부탁드립니다.
(B) 네, 괜찮습니다.
(C) 네, 그렇군요.
(D) 아니요, 저야말로.

04. お邪魔いたします。

   （A）邪魔していません。

   （B）どうぞ、お上がりください。

   （C）どうぞ、おかまいなく。

   （D）いいえ、とんでもありません。

•••(A)처럼 '직선적인 대답'은 거의 정답이 아니다. "겸손한 대답" "은유적인 대답"을 찾는다.

실례하겠습니다.
(A) 방해하고 있지 않습니다.
(B) 어서 들어(올라) 오세요.
(C) 제게 너무 신경 쓰지 마세요.
(D) 아니요, 천만에요.

05. どうぞ、たくさん召し上がってください。

   （A）じゃ、失礼します。

   （B）ええ、おいしく食べています。

（C）じゃあ、遠慮なくいただきます。

（D）ええ、たくさん召し上がっています。

・・・・ ・召し上がる : 드시다 (「食べる」,「飲む」의 높임말)　　・遠慮なく : 사양하지 않고

・・・ 「失礼します」가 여기저기 자주 사용되는 말이지만, '식사 전'에 쓰기에는 부적절한 말이다.

자, 많이 드세요.
  (A) 그럼, 실례하겠습니다.
  (B) 네, 맛있게 먹고 있습니다.
  (C) 그럼, 사양 않고 먹겠습니다.
  (D) 예, 많이 드시고 있습니다.

정답 **D**　　**06.** 今、お茶を入れますから。

(A) どうぞ よろしく。

(B) どうぞ ごゆっくり。

(C) どうぞ 遠慮なく。

(D) どうぞ おかまいなく。

・・・ 「おかまいなく」는 상대방의 호의에 대한 거절이 아니라, 일단 당신의 호의는 받아들이지만, '너무 신경 쓰지 않아도 된다'는 뜻이다.

지금 차를 끓일게요.
  (A) 잘 부탁합니다.
  (B) 푹 쉬세요.
  (C) 부디 사양 마세요.
  (D) 개의치 마세요.

정답 **A**　　**07.** コーヒーのお代わりはいかがですか。

(A) いいえ、もう結構です。

(B) はい、変えてください。

(C) いいえ、かまいません。

(D) いいえ、どういたしまして。

··· ・お代^かわり : 같은 음식을 다시 더 먹음; 또, 그 음식

···* 「どういたしまして」는 어디까지나 "감사합니다(ありがとうございます)"나 "죄송합니다
(すみません / ごめんなさい)"에 대한 답변으로서 주로 사용된다.

커피 한잔 더 하시겠습니까?
  (A) 아니요. 괜찮습니다.
  (B) 네, 바꿔주세요.
  (C) 아니요, 상관없습니다.
  (D) 아니요, 천만에요.

08. もう おいとまいたします。　정답 **C**

  (A) えっ、おいとまですか。

  (B) えっ、またお泊まりですか。

  (C) えっ、もうお帰りですか。

  (D) えっ、またお帰りですか。

··· ・おいとま(する) : 작별, 물러나다.

이제 돌아가겠습니다.
  (A) 예? 작별입니까?
  (B) 예? 또 묵으실 겁니까?
  (C) 예? 벌써 돌아가십니까?
  (D) 예? 또 돌아가십니까?

09. 先日^{せんじつ}はけっこうな物^{もの}をいただきまして…。　정답 **A**

  (A) いいえ、とんでもありません。

  (B) いいえ、こちらこそ。

  (C) いいえ、大丈夫^{だいじょうぶ}です。

  (D) いいえ、けっこうです。

지난번에는 더할 나위 없는 선물을 주셔서….
  (A) 아니요, 천만에요.
  (B) 아니요, 저야말로.
  (C) 아니요, 괜찮습니다.
  (D) 아니요, 괜찮습니다.

10. どうもお待^またせいたしました。

(A) あまり待^またせませんでした。

(B) いいえ、待^まっていませんでした。

(C) いいえ、私^{わたし}も今来^{いまき}たばかりです。

(D) はい、長^{なが}い間待^{あいだま}っていました。

* 「A : 오래 기다렸어? → B : 아니, 별로.」,
「A : 온 지 오래되었니? → B : 아니, 방금 왔어!」
'무지 오래 기다렸어도' 자존심 때문에 혹은 상대방이 난처해 할까봐 예의상 이런 식의 대답하는 것은 한국이나 일본이나 똑같다.

오래 기다리셨습니다.
(A) 그다지 기다리게 하지 않았습니다.
(B) 아니요, 기다리고 있지 않았습니다.
(C) 아니요, 저도 지금 막 왔습니다.
(D) 예, 오랫동안 기다리고 있었습니다.

◆의문사 · 관용표현 · 그 외 11~20번

11. どれがあなたの靴^{くつ}ですか。

（A） はい、私^{わたし}のです。

（B） あそこです。

（C） これです。

（D） これが先生^{せんせい}の靴^{くつ}です。

* 의문사 「どれ」에 대한 대답으로 적당한 것을 찾는다.

어느 것이 당신의 구두입니까?
(A) 네, 제 것입니다.
(B) 저기입니다.
(C) 이것입니다.
(D) 이것이 선생님의 구두입니다.

12. 今^{いま}のホテルで、どのくらい滞在^{たいざい}なさいますか。

（A）３日後です。

（B）３日間です。

（C）今日からです。

（D）明日からです。

・・・・・滞在 : 체제, 체류　　　　　　　　・なさる : 하시다 (する[하다]의 특수 존경어)

・・・・*의문사「どのくらい」에 대한 대답으로 적당한 것을 찾는다.

지금 계신 호텔에서 얼마동안 묵으실 겁니까?
　（A) 3일 후입니다.
　（B) 3일간입니다.
　（C) 오늘부터입니다.
　（D) 내일부터입니다.

13. 社長はいつ帰国されますか。 정답 **D**

（A）昨日帰りました。

（B）今日帰りました。

（C）明日帰りません。

（D）あさって帰ります。

・・・・*「시제문제」도 빠지지 않고 등장한다.

사장님은 언제 귀국하십니까?
　（A) 어제 돌아왔습니다.
　（B) 오늘 돌아왔습니다.
　（C) 내일 돌아오지 않습니다.
　（D) 모레 돌아옵니다.

14. ああいうタイプは虫が好かないですよ。 정답 **C**

（A）あなたも大好きですね。

（B）ちょっと汚いタイプですね。

（C）私も何となく気に食わないですね。

（D）ちょっとおもしろいタイプですね。

····・虫が好かない : 어쩐지 싫다　　　　　　　・何となく : 어쩐지, 왠지 모르게

・気に食わない : 마음에 들지 않다(＝ 気に入らない) ↔ 気に入る(마음에 들다)

····＊「관용표현」은 이 파트에서 특히 많이 출제되므로, "파트2 부록(중요 관용표현)"을 통해 완전히 익히도록 하자.

저런 타입은 왠지 싫어요!
(A) 당신도 대단히 좋아하는군요.
(B) 좀 더러운 타입이죠.
(C) 저도 왠지 맘에 들지 않는군요.
(D) 좀 재미있는 타입이죠.

정답 B

15. 先生はいける口ですか。

(A) いいえ、行かない方です。

(B) いいえ、付き合い程度です。

(C) ええ、口がうまい方です。

(D) ええ、明日は行けます。

····・いける口だ : 술을 꽤 마시는 사람이다

・口がうまい : 말을 잘 하다, 말솜씨가 좋다

선생님은 술을 잘 마시는 편입니까?
(A) 아니요, 가지 않는 편입니다.
(B) 아니요, 교제상 어울릴 정도로만 마십니다.
(C) 예, 말솜씨가 좋은 편입니다.
(D) 예, 내일은 갈 수 있습니다.

정답 A

16. 今更そんなこと言ってもどうにもなりません。

(A) そこを何とかひとつ。

(B) それは どうも。

(C) いいえ、大丈夫です。

(D) じゃ、またあとで。

····・今更 : 이제 와서　　　　　　　・どうにもならない : 어찌 할 도리가 없다.

・何とか : 그럭저럭, 간신히, 어떻게든

이제 와서 그런 말해도 어쩔 수 없습니다.
   (A) 힘든 줄 알지만, 어떻게든 좀.
   (B) 그것 참 고맙습니다.
   (C) 아니요, 괜찮습니다.
   (D) 그럼, 다음에 또.

17. 宴会でお酒を飲まなくてはいけませんか。   정답 **D**

   (A) はい、どうぞ。

   (B) はい、飲んでいます。

   (C) いいえ、いけません。

   (D) いいえ、飲まなくてもいいです。

• ~なくてはいけませんか : ~않으면 안 됩니까?

회식 자리에서 술을 마시지 않으면 안 됩니까?
   (A) 네, 그러세요.
   (B) 네, 마시고 있습니다.
   (C) 아니요, 안 됩니다.
   (D) 아니요, 마시지 않아도 됩니다.

18. もしもし、ソウル物産ですけど、上原部長はいらっしゃいますでしょうか。   정답 **C**

   （A）吉田課長なら いらっしゃいます。

   （B）いいえ、上原部長ではありませんが...

   （C）ただいま、上原は席を外しておりますが...

   （D）はい、部長はいらっしゃいます。

• いらっしゃる : 가시다, 오시다, 계시다 (「行く、来る、いる」의 특수 존경어)

• 席を外す : 자리를 비우다   • おる : 있다 (「いる」의 특수 겸양어)

*'일본인 이름'과 '직함'이 나오고 정신이 없지만, '외부(다른) 사람'에 대해서 철저히 「자기 쪽 사람을 낮춘다!」는 기본 법칙에만 따르면 쉽게 풀리는 문제이다. (주의! 部長(부장님), '課長(과장님)' 등의 직함은 높임말이다)

여보세요, 서울물산입니다만, 우에하라 부장님 계십니까?
   (A) 요시다 과장님이라면 계십니다.
   (B) 아니요, 우에하라 부장님이 아닌데요.

(C) 지금 우에하라는 자리를 비우고 있습니다만.

(D) 예, 부장님은 계십니다.

 19. 今日は私に払わせてください。

(A) 好きなようにしてください。

(B) どういたしまして。

(C) 毎度ありがとうございます。

(D) では、お言葉にあまえて。

••• *お言葉にあまえて : 말씀을 고맙게 받아들여. 염치없지만.(뭔가 권유받았을 때, 정중히 그것을 받아들이는 표현. 자주 쓰이는 표현이니 꼭 외워둔다.)

••• *「사역형(〜せる, 〜させる)」과 더불어 "사역수동형"과 "사역형+〜ていただく" 표현에도 반드시 익숙해지도록 한다.

1) 사역수동형

사역의 조동사「〜せる, 〜させる」에 수동의 조동사「られる」가 연결되면 타인에 의해「억지로 〜하게 되다」의 뜻을 나타낸다.

예) 毎日 日記を 書かせられて(= 書かされて)いる。(매일 억지로 일기를 쓰고 있다)

단, '1그룹동사'에 한하여 사역형에서「せる」대신에「す」를 사용하기도 한다.

예) 書く → 사역형(書かせる[= 書かす]) → 사역수동형(書かせられる[= 書かされる])

2) 사역형+〜ていただく

복잡해 보이는 문형이지만, 결국, 행동주체가 '본인'이 되이 "〜하겠다"의 뜻이 된다.

예) 今月いっぱいで会社をやめさせていただきます。

(이번 달까지만 하고 회사를 그만두겠습니다)

오늘은 저에게 지불시켜 주세요. (제가 지불하겠습니다)

(A) 좋으실 대로 하세요.

(B) 천만에요.

(C) 매번 감사합니다.

(D) 그럼, 그렇게 말씀하시니. 염치없지만.

 20. 私の結婚式に絶対に来ると言っておきながら。

(A) 結局、来たんですね。

(B) 結局、来なかったんですね。

(C) 結局、遅れて来たんですね。

(D) 結局、来ないかもしれませんね。

・・・・ ・絶対(に)：절대로(뒤에 '부정어'가 온다), 반드시, 꼭

　・～て おきながら：～해 놓고서는 (그렇게 하지 않았다)

내 결혼식에 반드시 온다고 해 놓고선.

(A) 결국 왔군요.

(B) 결국 안 왔군요.

(C) 결국 늦게 왔군요.

(D) 결국 안 올지도 모르는군요.

Japanese Proficiency Test

PART3
회화문

두 사람의 회화를 듣고 주어진 질문에 답하는 파트로, 짧은 대화 중에서 두 사람의 관계, 이야기 내용, 요점 등을 재빨리 파악하는 능력과 함께 질문과 선택지를 빨리 읽는 속독의 능력을 갖추어야 한다.

대화 속의 키워드로 바로 답을 찾을 수 있는 단순한 문제에서, 약간의 계산(?)을 필요로 하는 문제에 이르기까지 광범위한 내용으로 출제된다.

이 파트에서는 회화문을 듣기 전 1~2초 사이에 질문과 선택지를 읽어두고, 그 내용에 집중하는 것이 바람직하다.

엄청중요한

속담

- 朝飯前 : 식은 죽 먹기
- 後の祭り : 소 잃고 외양간 고치기
- 案ずるより生むが易し : 어려운 듯이 보여도 실제로 해 보면 의외로 쉽다.
- 石の上にも三年 : 참고 견디면 복이 온다.
- 石橋をたたいて渡る : 돌다리도 두드려 보고 건넌다.
- うそも方便 : 경우에 따라서는 거짓말은 나쁜 것이 아니다.
- 馬の耳に念仏 : 소귀에 경 읽기
- 噂をすれば影がさす : 호랑이도 제 말 하면 온다.
- 雲泥の差 : 하늘과 땅 차이
- 絵にかいた餅 : 그림의 떡

- 飼い犬に手を嚙まれる : 믿는 도끼에 발등 찍히다.
- 木から落ちた猿 : 나무에서 떨어진 원숭이(＝弘法にも筆のあやまり)
- 聞くは一時の恥、聞かぬは一生の恥 : 묻는 것은 한때의 수치, 묻지 않는 것은 일생의 수치
- 苦しいときの神頼み : 곤란할 때만 신에게 빌어 도움을 청한다.
- 郷に入っては郷に従え : 로마에 가면 로마의 법에 따르라.

- 三人寄れば文殊の知恵 : 세 명이 모이면 문수보살의 지혜가 나온다.
- 地獄で仏に会ったよう : 지옥에서 부처를 만난 듯(몹시 곤란할 때 뜻
  밖의 도움을 받는 일)
- 朱に交われば赤くなる : 근묵자흑(나쁜 사람과 사귀면 그 사람처럼
  된다)
- 知らぬが仏 : 모르는 게 약이다
- 雀の涙ほど : 새발의 피만큼
- 住めば都 : 정들면 고향

- 血も涙もない : 피도 눈물도 없다
- 塵も積もれば山となる : 티끌 모아 태산
- 灯台もと暗し : 등잔 밑이 어둡다.

- 泣きっ面に蜂 : 엎친 데 덮친 격
- 猫に小判 : 돼지 목에 진주 목걸이(귀중한 것의 가치를 모름)

- 花より団子 : 금강산도 식후경
- 人の噂も七十五日 : 세상의 소문은 오래 가지 않는다.
- 火のない所に煙は立たぬ : 아니 땐 굴뚝에 연기 날까?
- 豚に真珠 : 돼지 목에 진주(목걸이)

- 安物買いの銭失い : 싼 게 비지떡
- 薮から棒 : 아닌 밤중에 홍두깨

Ⅲ. 次の会話をよく聞いて、あとの問いにもっとも適した答えを一つ選んで
　ください。

01. 男の人の考えにいちばん近いものはどれですか。

（A）　大賛成だ。
（B）　大反対だ。
（C）　賛成できない。
（D）　反対できない。

02. 女の人はどんな交通手段を利用しますか。

（A）　タクシー
（B）　バス
（C）　地下鉄
（D）　専用車線

03. 田中さんは鈴木さんについて何と言っていますか。

（A）　田中さんが神経を使う必要のある相手
（B）　田中さんが神経を使わなくてもいい相手
（C）　鈴木さんが神経を使う必要のある相手
（D）　鈴木さんが神経を使わなくてもいい相手

04. 男の人の考えにいちばん近いものを選びなさい。

（A）雨ならば問題だ。
（B）曇りならば問題だ。
（C）晴れならば問題だ。
（D）雪ならば問題だ。

05. 男の人は、

（A）社員旅行の方が仕事よりもいいと言っている。
（B）仕事の方が社員旅行よりもいいと言っている。
（C）社員旅行も仕事もいいと言っている。
（D）社員旅行も仕事もよくないと言っている。

06. 女の人はいくら払いますか。

（A）5000円
（B）5250円
（C）4750円
（D）5025円

07. 男の人が女の人に頼まれたことをしなかったのは、

（A）今日やるつもりだったから
（B）女の人のことが嫌いだから
（C）なんとなく忘れてしまったから
（D）不注意で忘れてしまったから

08. 男の人は、

    (A) 今日はまだ会社に着いていないと言っている。
    (B) 今日は体の調子がよくないと言っている。
    (C) 今日は運が悪いと言っている。
    (D) 今日は部長が怖いと言っている。

09. 男の人は女の人に何と言いましたか。

    (A) 今風が強いので、注意するように言った。
    (B) 今風が速いので、注意するように言った。
    (C) 今風邪が流行しているので、注意するように言った。
    (D) 今風邪を引いているので、注意するように言った。

10. 男の人は結婚式のスピーチについて、

    (A) すばらしかったと思っている。
    (B) スピーチにならなかったと思っている。
    (C) 特別なスピーチじゃなかったと思っている。
    (D) 特別なスピーチだったと思っている。

01. 女：田中さんはどう思いますか。

男：私ですか? 私はちょっと。賛成しかねますね。

女：やはり、田中さんもそう思いますか。

男：どう考えてもやっぱりね。

男の人の考えにいちばん近いものはどれですか。

（A）大賛成だ。

（B）大反対だ。

（C）賛成できない。

（D）反対できない。

・・・ ・ 동사 ます형 + かねる : ～하기 어렵다, ～할 수 없다

여 : 다나카 씨는 어떻게 생각합니까?

남 : 저 말입니까? 저는 좀…. 찬성할 수가 없군요.

여 : 역시, 다나카 씨도 그렇게 생각합니까?

남 : 아무리 생각해도 역시 좀…

남자의 생각에 가장 가까운 것은 어느 것입니까?

(A) 대찬성이다.

(B) 대반대이다.

(C) 찬성할 수 없다.

(D) 반대할 수 없다.

02. 女：部長、やっぱり朝は、地下鉄の方が早いですよね。タクシーよりも。

男：いや、バスの方が早いかもしれないよ。

女：え? 道路は道が込むじゃないですか。

男：でも朝は、専用道路を通るからね。

女：そうですか。じゃあ、部長のおっしゃる通りにしてみます。

<ruby>女<rt>おんな</rt></ruby>の<ruby>人<rt>ひと</rt></ruby>はどんな<ruby>交通手段<rt>こうつうしゅだん</rt></ruby>を<ruby>利用<rt>りよう</rt></ruby>しますか。

（A）タクシー

（B）バス

（C）<ruby>地下鉄<rt>ちかてつ</rt></ruby>

（D）<ruby>専用車線<rt>せんようしゃせん</rt></ruby>

••• ・〜<ruby>通<rt>とお</rt></ruby>りに：〜 대로

여 : 부장님, 역시 아침에는 지하철이 빠르겠죠. 택시보다.
남 : 아니, 버스가 빠를지 몰라.
여 : 예? 도로는 길이 막히잖아요?
남 : 하지만, 아침에는 전용도로를 다니니까.
여 : 그래요? 그러면 부장님이 말씀하신 대로 해보겠습니다.

여자는 어떤 교통수단을 이용합니까?
  (A) 택시
  (B) 버스
  (C) 지하철
  (D)전용차선

 03. 女：<ruby>田中<rt>たなか</rt></ruby>さん、<ruby>鈴木<rt>すずき</rt></ruby>さんとは<ruby>知<rt>し</rt></ruby>り<ruby>合<rt>あ</rt></ruby>いだったんですか。

男：ええ、<ruby>彼<rt>かれ</rt></ruby>とは<ruby>中学<rt>ちゅうがく</rt></ruby>の<ruby>時<rt>とき</rt></ruby>からの<ruby>仲<rt>なか</rt></ruby>ですよ。

女：そうだったんですか。なんか<ruby>二人<rt>ふたり</rt></ruby>、いつも<ruby>楽<rt>たの</rt></ruby>しそうですね。

男：ええ、いちばん<ruby>気<rt>き</rt></ruby>の<ruby>置<rt>お</rt></ruby>けないやつなんですよ、<ruby>彼<rt>かれ</rt></ruby>は。

<ruby>田中<rt>たなか</rt></ruby>さんは<ruby>鈴木<rt>すずき</rt></ruby>さんについて<ruby>何<rt>なん</rt></ruby>と<ruby>言<rt>い</rt></ruby>っていますか。
  （A）<ruby>田中<rt>たなか</rt></ruby>さんが<ruby>神経<rt>しんけい</rt></ruby>を<ruby>使<rt>つか</rt></ruby>う<ruby>必要<rt>ひつよう</rt></ruby>のある<ruby>相手<rt>あいて</rt></ruby>
  （B）<ruby>田中<rt>たなか</rt></ruby>さんが<ruby>神経<rt>しんけい</rt></ruby>を<ruby>使<rt>つか</rt></ruby>わなくてもいい<ruby>相手<rt>あいて</rt></ruby>
  （C）<ruby>鈴木<rt>すずき</rt></ruby>さんが<ruby>神経<rt>しんけい</rt></ruby>を<ruby>使<rt>つか</rt></ruby>う<ruby>必要<rt>ひつよう</rt></ruby>のある<ruby>相手<rt>あいて</rt></ruby>
  （D）<ruby>鈴木<rt>すずき</rt></ruby>さんが<ruby>神経<rt>しんけい</rt></ruby>を<ruby>使<rt>つか</rt></ruby>わなくてもいい<ruby>相手<rt>あいて</rt></ruby>

••• ・<ruby>仲<rt>なか</rt></ruby>：사이   ・<ruby>気<rt>き</rt></ruby>が<ruby>置<rt>お</rt></ruby>けない：마음을 터놓고 지낼 수 있다, 스스럼없다

여 : 다나카 씨, 스즈키 씨와는 아는 사이였습니까?

남 : 예, 그와는 중학교 때부터의 사이예요.

여 : 그랬어요? 왠지 두 사람, 늘 즐거운 것 같군요.

남 : 예, 제일 스스럼없는 녀석이에요. 그는.

다나카 씨는 스즈키 씨에 대해서 뭐라고 말하고 있습니까?
  (A) 다나카 씨가 신경을 쓸 필요가 있는 상대
  (B) 다나카 씨가 신경을 쓰지 않아도 되는 상대
  (C) 스즈키 씨가 신경을 쓸 필요가 있는 상대
  (D) 스즈키 씨가 신경을 쓰지 않아도 되는 상대

04 女：明日、雨ですって。晴れなきゃ楽しくないのに。

男：明日はみんなでドライブに行くんでしたね。

女：せっかくみんな揃って行くのに、天気じゃなかったらちょっとね。

男：僕は雪さえ降らなければかまわないですよ。

男の人の考えにいちばん近いものを選びなさい。

  （A）雨ならば問題だ。

  （B）曇りならば問題だ。

  （C）晴れならば問題だ。

  （D）雪ならば問題だ。

··· ·揃う : 갖추어지다, 모이다   ·～さえ ～ば : ～만 ～하면

여 : 내일, 비 온다면서요. 맑지 않으면 즐겁지 않을 텐데.
남 : 내일은 모두 함께 드라이브 간다고 했었죠.
여 : 모처럼 모두 모여 가는데, 날씨가 좋지 않으면 좀….
남 : 나는 눈만 내리지 않으면 상관없어요.

남자의 생각에 가장 가까운 것을 고르시오.
  (A) 비가 오면 문제다.
  (B) 흐리면 문제다.
  (C) 맑으면 문제다.
  (D) 눈이 오면 문제다.

05. 男：来週は金曜の午後から社員旅行ですね。

女：あ、そうでした。でもあまり行きたくないなあ。

男：どうしてですか。仕事をするよりはましじゃないですか。

女：でもどうせまた、お酒を飲むだけじゃないですか。

男：それはそうですけど。

男の人は、

（A）社員旅行の方が仕事よりもいいと言っている。

（B）仕事の方が社員旅行よりもいいと言っている。

（C）社員旅行も仕事もいいと言っている。

（D）社員旅行も仕事もよくないと言っている。

남 : 다음주는 금요일 오후부터 사원여행이죠.

여 : 아, 맞다. 하지만 별로 가고 싶지 않네요.

남 : 왜요? 일하는 것보다는 낫잖아요.

여 : 하지만 어차피 또 술만 마실 거잖아요.

남 : 그야 그렇지만.

남자는,

(A) 사원여행이 일보다도 좋다고 말하고 있다.

(B) 일이 사원여행보다도 좋다고 말하고 있다.

(C) 사원여행도 일도 좋다고 말하고 있다.

(D) 사원여행도 일도 좋지 않다고 말하고 있다.

06. 女：ここに5千円って書いてあるから5千円札出せばいいわよね。

男：違いますよ。よく見てください。税別って書いてあるじゃないですか。

女：あ、そうでした。日本では消費税が5％だから。

女の人はいくら払いますか。

（A）5,000円

（B）5,250円

（C） 4,750円

（D） 5,025円

여 : 여기에 5천엔이라고 쓰여 있으니까, 5천엔 내면 되는 거죠.

남 : 아니에요. 잘 봐요. 세금은 별도라고 쓰여 있잖아요.

여 : 아, 맞다. 일본에서는 소비세가 5%니까.

여자는 얼마 지불합니까?
　(A) 5,000엔
　(B) 5,250엔
　(C) 4,750엔
　(D) 5,025엔

07　女：高橋さん、昨日お願いした件、どうなりましたか。

　男：あ、いけない。うっかりしてて忘れちゃったよ。

　女：え〜　そんな。

　男：ごめん、ごめん。今日中に必ずやるから許して。

男の人が女の人に頼まれたことをしなかったのは、

　（A）今日やるつもりだったから

　（B）女の人のことが嫌いだから

　（C）なんとなく忘れてしまったから

　（D）不注意で忘れてしまったから

••• ・うっかり：무심코, 깜박　　・なんとなく：왠지 모르게, 아무 생각 없이

여 : 다카하시 씨, 어제 부탁드린 건, 어떻게 되었어요?

남 : 아차차. 깜빡하고 잊어버렸어.

여 : 에〜 그런.

남 : 미안, 미안. 오늘 중으로 꼭 할 테니까 용서해 줘.

남자가 여자에게 부탁 받은 것을 하지 않았던 것은…
　(A) 오늘 할 예정이었기 때문에
　(B) 여자를 싫어해서
　(C) 왠지 모르게 잊어버렸기 때문에

(D) 부주의로 잊어버렸기 때문에

정답 C

08. 女：田中さん、何かとても疲れていますね。

男：ええ。朝から満員電車の中で足を踏まれるし、財布は忘れるし、
部長には叱られるし、全くついていないですね、今日は。

女：元気を出してください。はい、コーヒーでもどうぞ。

男の人は、
(A) 今日はまだ会社に着いていないと言っている。
(B) 今日は体の調子がよくないと言っている。
(C) 今日は運が悪いと言っている。
(D) 今日は部長が怖いと言っている。

・・・ ・ ついていない : 운이 없다 ↔ ついている(운이 있다)

여 : 다나카 씨, 왠지 매우 피곤해 보이네요.
남 : 네, 아침부터 만원전철 안에서 발을 밟히고, 지갑은 잃어버리고, 부장님에게는
야단맞고…. 정말이지 운이 없군요. 오늘은.
여 : 기운 내세요. 자, 여기 커피라도.

남자는,
(A) 오늘은 아직 회사에 도착하지 않았다고 말하고 있다.
(B) 오늘은 몸 상태가 좋지 않다고 말하고 있다.
(C) 오늘은 운이 나쁘다고 말하고 있다.
(D) 오늘은 부장님이 무섭다고 말하고 있다.

정답 C

09. 男：どうしたんですか。顔色がよくないですよ。

女：ええ、ちょっと寒気がするんです。

男：気をつけてください。今、風邪がはやっていますから。

女：ありがとうございます。

男の人は女の人に何と言いましたか。

(A) 今風が強いので、注意するように言った。

(B) 今風が速いので、注意するように言った。

(C) 今風邪が流行しているので、注意するように言った。

(D) 今風邪を引いているので、注意するように言った。

••• •寒気がする : 오한이 나다　　•気をつける : 조심하다, 주의하다

남 : 무슨 일 있습니까? 얼굴색이 안 좋아요.

여 : 예, 좀 으슬으슬 춥네요.

남 : 조심하세요. 요즘 감기가 유행하고 있으니까.

여 : 고마워요.

남자는 여자에게 뭐라고 말했습니까?
(A) 지금 바람이 강하니까, 주의하라고 말했다.
(B) 지금 바람이 빠르니까, 주의하라고 말했다.
(C) 지금 감기가 유행하고 있으니까, 주의하라고 말했다.
(D) 지금 감기에 걸렸으니까, 주의하라고 말했다.

10. 女：田中さん、結婚式のスピーチ、ありがとうございました。

男：いやあ、月並みなことしか言えなくてね。

女：そんな。とてもすばらしかったです。感動しました。

男：そうですか。そう言ってもらえると練習した甲斐がありますよ。

男の人は結婚式のスピーチについて、

(A) すばらしかったと思っている。

(B) スピーチにならなかったと思っている。

(C) 特別なスピーチじゃなかったと思っている。

(D) 特別なスピーチだったと思っている。

••• •月並み : 평범함　　　•甲斐 : 보람

여 : 다나카 씨, 결혼식 주례, 고마웠습니다.

남 : 아뇨, 흔해 빠진 얘기밖에 못해서….

여 : 무슨 그런 말씀을. 정말 훌륭했습니다. 감동했어요.
남 : 그래요. 그렇게 말해 주시니 연습한 보람이 있군요.

남자는 결혼식 연설에 대해서,
　(A) 훌륭했다고 생각하고 있다.
　(B) 연설이 되지 않았다고 생각하고 있다.
　(C) 특별한 연설이 아니었다고 생각하고 있다.
　(D) 특별한 연설이었다고 생각하고 있다.

Japanese Proficiency Test

PART 4.

설명문

비교적 긴 설명문을 듣고 주어진 3~4개의 질문에 답하는 파트로, 문제의 내용을 속독하면서 생각해야 하기 때문에 수험생들이 가장 어렵게 느낀다.

하지만, 대개 설명되어지는 순서대로 문제가 구성되어 있어 들으면서 한 문제씩 풀어나갈 수가 있기 때문에, 충분한 훈련만 되어있다면 그리 어려운 부분도 아니다.

설명문의 내용은 주로 역이나 백화점 등의 안내방송, 기상정보, 라디오나 TV의 뉴스 등이다.

엄청 중요한

조사

▶ から

1) 시간, 공간의 출발점 (~부터)

　예) 映画は7時からである。　(영화는 7시부터이다)

2) 경유, 경로 (~을 통해서, ~으로부터)

　예) 窓から海が見える。　(창문으로 바다가 보인다)

3) 원료, 재료 (~으로)

　예) お酒は米から作る。(술은 쌀로 만든다)

4) 수량을 나타내는 말 뒤에서 (~이상, ~이나)

　예) 5千万ウォンからの借金がある。(5천만원 이상의 빚이 있다)

5) 원인, 이유 (~때문에, ~이니까)

　예) 明日テストがあるから、今日は一日中勉強した。

　　　(내일 시험이 있어서 오늘은 하루 종일 공부했다)

※ 「から」와 관련된 문형 「~からといって」, 「~からに」, 「~からには」
는 "파트7 부록(중요 문형/문법)"을 참조하세요.

▶ で

1) 동작이 이루어지는 장소 (~에서)

　예) 学校で働いている。　(학교에서 일하고 있다)

2) 수단, 방법, 재료 (~으로)

예) 学校まではバスで行く。 (학교까지는 버스로 간다)

3) 원인, 이유 (~때문에, ~로 인하여)

예) 病気で学校を三日間休んでしまった。

　　(병 때문에 학교를 3일간 쉬고 말았다)

4) 시간, 값, 수량 (~에)

예) この本は一冊で 5 千円です。 (이 책은 한 권에 5000엔입니다)

▶ に

1) 사람, 사물이 존재하는 장소를 강조 (~에)

예) 学校に勤めている (학교에 근무하고 있다)

2) 도착점 (~에)

예) いつも一人で学校に行く。 (언제나 혼자서 학교에 간다)

3) 대상 (~에게)

예) 先生に電話をかけた。 (선생님에게 전화를 걸었다)

4) 목적 (~하러) : "동사 ます형"이나 "동작성 명사"에 「に」가 붙을
경우.

예) 北海道へ遊びに行った。 (홋카이도로 놀러 갔다)

　　公園へ花見に行く。 (공원으로 꽃구경하러 간다)

5) 빈도 (~에)

예) 1年に1度、お酒を飲む。 (일년에 한 번 술을 마신다)

6) 구체적인 시간에만 붙는다.

예) 学校は午前8時に始まる。 (학교는 오전 8시에 시작된다)

* 말하는 시점을 기준으로 한 상대적인 때[あした(내일), 来年(내년), 今(지금) 등등]를 나타내는 경우는 「に」를 취하지 않는다.

또한, 「朝(아침)」의 경우처럼 '새벽이 지난 시간'이나 '정오까지의 시간'이라는 시간적인 폭이 확실하지 않을 때도 「に」를 붙이지 않는다.

예) 朝はたいてい何をしますか。 (아침에는 대개 무엇을 합니까?)

반면, 이야기하는 현재와는 관계없이 시간의 흐름 속에 있는 어느 시점이나 범위인 경우[1999年, 4月, 日曜日(일요일) 등등]에는 「に」를 취한다.

7) 선택 (～으로)

예) ご注文は何になさいますか。 (주문은 무엇으로 하시겠습니까?)

8) 「に」와 어울리는 동사

예) ～に 会う(～을 만나다),　　　～に 乗る(～을 타다),

　　～に 迷う(～을 헤매다),　　　～に 似ている(～을 닮다),

　　～に 代わる(～을 대신하다),　～に 気付く(～을 깨닫다),

　　～に 越したことはない(～하는 것이 가장 좋다),

　　～に 沿う(～을 따르다)

▶ の

1) 명사 + の + 명사 (～의)

예) あなたのカバンは丈夫に見える。

　　(당신의 가방은 튼튼하게 보인다)

2) 명사 생략 (～의 것)

예) 丈夫なカバンがわたしのです。 (튼튼한 가방이 제 것입니다)

3) '형용사, 형용동사, 동사'를 명사화 시켜주는 형식명사 (～것)

예) もっと大きいのはありませんか。 (더 큰 것은 없습니까?)

　　もう少しきれいなのがほしい。 (좀더 예쁜 것을 갖고 싶다)

もう少^{すこ}しきれいな**の**がほしい。 (좀더 예쁜 것을 갖고 싶다)

これ以上買^{いじょうか}う**の**は無理^{むり}だ。 (이 이상 사는 것은 무리이다)

4) 주격 (〜가, 〜이)

　예) 母^{はは}**の**作^{つく}るケーキはおいしい。 (엄마가 만드는 케이크는 맛있다)

5) 동격 (〜인)

　예) 息子^{むすこ}**の**太郎^{たろう}が先週結婚^{せんしゅうけっこん}した。 (아들, 타로가 지난주에 결혼했다)

▶ より

1) 비교의 기준 (〜보다)

　예) 英語^{えいご}**より**日本語^{にほんご}がやさしい。 (영어보다 일본어가 쉽다)

2) 동작, 작용의 출발점 (〜부터[에서]) = 〜から

　예) 学校^{がっこう}は午前^{ごぜん}8時^じ**より**始^{はじ}まる。 (학교는 오전 8시부터 시작된다)

　※ 「より」와 관련된 문형 「〜よりしかたがない」, 「〜よりほかにない」는 "파트 7 부록(중요 문형/문법)"을 참조하세요.

▶ を

1) 목적어 (〜을, 〜를)

　예) 毎日^{まいにち}のようにお酒^{さけ}**を**飲^のむ。 (매일같이 술을 마신다)

2) 동작의 출발점 「〜から」와 같은 의미를 갖는 경우 및 출발점이 추상적인 의미를 갖는 경우 (〜을, 〜를, 〜에서)

　예) 何時^{なんじ}に家^{いえ}**を**出^でましたか。 (몇 시에 집을 나왔습니까?)

　　次^{つぎ}の駅^{えき}で電車^{でんしゃ}**を**降^おります。 (다음 역에서 전철에서 내립니다)

　　許可^{きょか}なしに席^{せき}**を**離^{はな}れてはいけません。 (허가 없이 자리를 떠나서는 안 됩니다)

今度<rt>こん ど</rt>こそ大学<rt>だいがく</rt>を卒業<rt>そつぎょう</rt>します。(이번에야말로 대학을 졸업하겠습니다)

3) 뒤에 오는 말이 "자동사"일지라도 동작이 이루어지는 장소(통과 지역)를 나타낼 경우 (~을, ~를)

예) 空を飛ぶ。 (하늘을 날다)　　山を登る。 (산을 오르다)
　　席を立つ。 (자리를 뜨다)　　川を渡る。 (강을 건너다)

▶ が

1) 주어 (~이, ~가)

예) 昨日から雨が降っています。 (어제부터 비가 내리고 있습니다)

2) 목적어 (~을, ~를)

예) あなたのことが好きです。 (당신을 좋아합니다)

3) 가능구문의 목적어의 격 (~을, ~를)

예) 5才の息子は日本語が話せる。

　　(5살 난 아들은 일본어를 할 줄 안다)

▶ も

1) 병렬 (~도)

예) あの人は、英語もドイツ語も話すことができます。

　　(저 사람은 영어로도 독일어로도 말할 수 있습니다)

2) 숫자 다음에 올 때 (~이나)

예) 東京には日本語学校が300以上もあります。

　　(동경에는 일본어학교가 300개 이상이나 있습니다)

Ⅳ. 次の文章をよく聞いて、あとの問いにもっとも適した答えを一つ選んで
　　ください。

(問題1〜問題2)

01. お盆のときにしないことを選びなさい。

　　（A）お祈り
　　（B）墓参り
　　（C）お供え物
　　（D）武道

02. お盆の別名は何ですか。

　　（A）うらばん
　　（B）うらぼん
　　（C）ぼんえ
　　（D）ばんえ

(問題3〜問題4)

03. 投票の基準にないものを選びなさい。

　　（A）フェアプレー
　　（B）娯楽性
　　（C）プレーの技術
　　（D）ファンに与える興奮度

04. 投票の結果、韓国代表チームは、

（A） 6番目のチームとして選ばれた。
（B） ノミネートされたチームのうちで一番最後だった。
（C） ノミネートされなかった。
（D） ノミネートされたチームのうちで一番目だった。

(問題5〜問題6)

05. ひき逃げとは、

（A） 一瞬の判断の誤りで起こる交通事故のことだ。
（B） 逃げることだ。
（C） 交通事故を起こした場所から逃げることだ。
（D） 交通事故で一生が変わってしまうことだ。

06. 一瞬の判断で、

（A） 自分の人生が短くなってしまうかもしれない。
（B） 自分と他人の人生が変わってしまうかもしれない。
（C） 自分の人生から逃げることになってしまうかもしれない。
（D） 自分と他人の人生が入れ替わってしまうかもしれない。

(問題7〜問題8)

07. 人とチンパンジーのDNAの違いは、

（A） 1％くらいなので、あまり差がない。
（B） 0.1％くらいなので、差がかなりある。
（C） 1％くらいなので、差がかなりある。
（D） 0.1％くらいなので、あまり差がない。

08. この研究は、

（A）手がかかったそうだ。
（B）手がかかりそうだ。
（C）これからの研究においてヒントになりそうだ。
（D）これからの研究が進化しそうだ。

(問題9～問題10)

09. 東南アジアのフルーツが日本であまり食べられていない理由を選びなさい。

（A）甘いので
（B）あまり知られていないので
（C）日本にないので
（D）おいしくないので

10. いちごのドライフルーツについて言われていないものを選びなさい。

（A）とても甘い。
（B）日本人も敬遠しなさそうだ。
（C）日本人にも好まれそうだ。
（D）違和感がない。

Part4. EXERCISE 해석 및 해설

◆(問題1～問題2)

お盆は、墓参りやお供え物をして、先祖や亡くなった人などの霊が、安らかであるように祈る仏教の行事。うらぼんえ、うらぼんとも言います。8月13日から15、16日を中心に行われます。

••• ・お盆：오봉(백중맞이)　　・墓参り：성묘　　・(お)供え物：제물
　　 ・亡くなる：죽다　　　　・行事：행사(한자읽기에 주의!)

••• 오봉(백중맞이)은 성묘와 제물을 바쳐 선조와 죽은 사람들의 영혼이 편안하도록 기원하는 불교 행사. "우라봉에", "우라봉"이라고도 합니다. 8월 13일부터 15, 16일을 중심으로 행해집니다.

정답 **D**　**01.** "오봉" 때 하지 않는 것을 고르시오.
　　　（A） 기원
　　　（B） 성묘
　　　（C） 제물
　　　（D） 무도

정답 **B**　**02.** "오봉"의 별칭은 무엇입니까?
　　　（A） 우라방
　　　（B） 우라봉
　　　（C） 봉에
　　　（D） 방에

◆(問題3～問題4)

全世界のサッカーファンが、「エンターテインメント性」と「フェアプレー」、そして「観客に与える興奮」という基準を最も満たすプレーをしたのはどのチームかという問いに対して、自らの意見を投票しました。その結果、フースヒディンク監督の率いる韓国代表がノミネートされた6チームの頂点に立ちました。

‣ ‣ ‣ ・最も : (무엇보다도) 가장　　　・満たす : 채우다, 충족시키다
　　　・自ら : 스스로, 자신　　　　　・率いる : 이끌다, 인솔하다

‣ ‣ ‣ 전세계 축구팬이「엔터테인먼트性」과「페어플레이」, 그리고「관객에게 주는 흥분」이라
　　는 기준을 가장 충족시키는 플레이를 한 것은 어느 팀인가 라는 질문에 대해 자신의 의
　　견을 투표했습니다. 그 결과, 거스 히딩크 감독이 이끄는 한국대표가 후보에 오른 6팀의
　　정상에 섰습니다.

03. 투표 기준에 없는 것을 고르시오.　　　　　　　　　　　　　　　정답 **C**

　　(A) 페어플레이

　　(B) 오락성

　　(C) 플레이 기술

　　(D) 팬에게 주는 흥분도

04. 투표 결과, 한국대표 팀은,　　　　　　　　　　　　　　　　　　정답 **D**

　　(A) 6번째 팀으로서 선발되었다.

　　(B) 후보에 오른 팀 중에서 가장 마지막이었다.

　　(C) 후보에 오르지 못했다.

　　(D) 후보에 오른 팀 중에서 첫 번째였다.

◆(問題5～問題6)

一瞬の判断の誤りで起こってしまう交通事故。さらに一瞬の迷いでその場を立ち去ると、それは犯罪。ひき逃げです。一秒の何分の一か、そんな短い時間が自分の一生だけでなく、人の一生を変えてしまいかねません。

‣ ‣ ‣ ・誤り : 실수, 잘못　　・立ち去る : 떠나다　　・一生 : 평생(한자읽기에 주의!)
　　・～だけでなく : ～뿐(만) 아니라　　・동사 ます형 + かねない : ～일 지도 모른다.

‣ ‣ ‣ 한순간의 판단 착오로 일어나 버리는 교통사고. 더욱이 한순간의 유혹으로 그 장소를 떠
　　나면 그것은 범죄. 뺑소니입니다. 일초의 몇 분의 일이나 될까, 그런 짧은 시간이 자신의
　　일생뿐 아니라 다른 사람의 일생을 바꾸어 버릴지도 모릅니다.

05. 뺑소니란?　　　　　　　　　　　　　　　　　　　　　　　　정답 **C**

　　(A) 한순간의 판단 착오로 일어나는 교통사고를 말한다.

（B）도망치는 것이다.
（C）교통사고를 일으킨 장소에서 도망치는 것이다.
（D）교통사고로 일생이 바뀌어 버리는 것이다.

06. 한순간의 판단으로,
　　（A）자신의 인생이 짧아져버릴지도 모른다.
　　（B）자신과 타인의 인생이 바뀌어버릴지도 모른다.
　　（C）자신의 인생에서 도망치게 되어버릴지도 모른다.
　　（D）자신과 타인의 인생이 바뀌어버릴지도 모른다.

◆(問題7～問題8)

人とチンパンジーのDNAの違いは1.23パーセントという研究結果を、理化学研究所などのグループがつきとめました。遺伝情報のあらゆる部分をくらべた、初めての研究だそうです。人どうしの違いは0.1パーセント程度といわれています。その10倍ほどですから、差はわずかといえます。類人猿と人の進化の道筋をさぐる手がかりになりそうです。

・つきとめる : 밝혀내다　　・あらゆる : 모든, 온갖　　・～どうし : ～끼리
・わずか : 얼마 안 되는 모양(조금, 약간)　　・道筋 : 코스　　・手がかり : 단서

사람과 침팬지의 DNA의 차이는 1.23퍼센트라고 하는 연구결과를 이화학연구소 등의 그룹이 밝혀냈습니다. 유전정보의 모든 부분을 비교한 최초의 연구라고 합니다. 사람끼리의 차이는 0.1퍼센트 정도라고 합니다. 그 10배 정도이니까, 차이는 아주 적다고 할 수 있습니다. 유인원과 사람의 진화 코스를 찾는 단서가 될 것 같습니다.

07. 인간과 침팬지의 DNA 차이는,
　　（A）1% 정도이기 때문에, 그다지 차이가 없다.
　　（B）0.1% 정도이기 때문에, 차이가 꽤 있다.
　　（C）1% 정도이기 때문에, 차이가 꽤 있다.
　　（D）0.1% 정도이기 때문에, 그다지 차이가 없다.

08. 이 연구는,
　　（A）수고가 들었다고 한다.

（Ｂ）수고가 들 것 같다.

（Ｃ）앞으로의 연구에 있어서 힌트가 될 것 같다.

（Ｄ）앞으로의 연구가 진화할 것 같다.

◆(問題9〜問題10)

東南アジアのフルーツは、日本ではあまり馴染みのないものばかりなので、ちょっと敬遠されている方も多いのではないでしょうか。そんな方々にもいちごのドライフルーツだと違和感なく食べられると思います。甘さは控え目で、万人ウケするような味わいです。

・・・ ・馴染み : 친숙함, (낯익은)사이　　・敬遠(する) : 피하다<(야구) 고의적인 4구>

・控え目 : 약간 적을 듯함, 조심스럽고 소극적임

（※ 控える<JPT시험에서 중요한 동사> : ①삼가다 ②앞두다 ③대기하다)

・ウケする : 먹혀들다(受ける[받다]와 する[하다]가 합성된 신조어)

・・・ 동남아시아의 과일은 일본에서는 그다지 친숙하지 않은 것들뿐이어서, 좀 멀리하시는 분도 많은 것이 아닐까요? 그런 분들도 '딸기 드라이 후르츠'라면 위화감 없이 드실 수 있을 것입니다. 단맛은 적고, 누구에게나 받아들여질 것 같은 맛입니다.

09. 동남아시아의 과일이 일본에서 그다지 애용되지 않는 이유를 고르시오.　정답 **B**

（Ａ）달기 때문에

（Ｂ）그다지 알려져 있지 않기 때문에

（Ｃ）일본에 없기 때문에

（Ｄ）맛이 없기 때문에

10. '딸기 드라이 후르츠'에 대해 언급되지 않은 것을 고르시오.　정답 **A**

（Ａ）매우 달다.

（Ｂ）일본인도 멀리하지 않을 것 같다.

（Ｃ）일본인도 좋아할 것 같다.

（Ｄ）위화감이 없다.

Japanese Proficiency Test

PART5

정답 찾기

한자실력과 어휘력을 평가하는 파트로, 「한자→히라가나 / 히라가나→한자」(총10문제), 「어휘 및 동일용법 문제」, 「간단한 문법문제」가 출제된다.

이 파트의 「한자문제」는 비교적 득점하기 쉬우므로 정답에 비슷하게 조합해 놓은 오답에 서둘러 답을 체크하는 실수를 하지 말아야 하며, 「어휘 및 동일용법 문제」, 「간단한 문법문제」는 정확한 문법적인 지식이 없어도, 문장 자체의 의미를 정확하게 해석하려고 노력하다 보면 저절로(쉽게) 풀리는 문제가 의외로 많으므로, 문장 안에서의 단어의 의미변화에 주의하면서 해석에 힘써야 한다.

엄청 중요한
한자

人
訓 ひと
音 ジン　ニン

··· 人手(일손)　人柄(인품)
人生(인생)　人口(인구)　人形(인형)　人間(인간)
＊素人(초보자)　玄人(전문가)　仲人(중매인)

力
訓 ちから
音 リョク　リキ

··· 力を出す(힘을 내다)　力持ち(힘이 셈, 장사)　底力(저력)
実力を試す(실력을 시험하다)　協力(협력)
力士になる(씨름꾼이 되다)　力量(역량)

上
訓 うえ(うわ)　かみ　あげる
音 ジョウ

··· 三つ上の兄(세살 위의 형)　上着を買う(상의를 사다)
川上(강 상류)　引き上げる(끌어올리다)　上昇(상승)

下
訓 した　しも　もと　さげる　くだる　おりる
音 カ　ゲ

··· 下見に行く(예비 조사하러 가다)　川下(강 하류)
足下に注意(발밑 주의)　下り列車(하행열차)

頭を下げる(머리를 숙이다)　坂を下りる(언덕을 내려오다)
地下鉄(지하철)　下山を急ぐ(하산을 서두르다)

口
訓 くち
音 コウ　ク

口を出す(말참견하다)　入り口(입구)
人口(인구)　口実(구실)　口調(어조)

小
訓 ちいさい　こ　お
音 ショウ

小石を拾う(자갈을 줍다)　小川(작은 시내)
小説を読む(소설을 읽다)

工
訓
音 コウ　ク

工事(공사)　加工(가공)
工夫(궁리)　細工(세공)　大工(목수)

元
訓 もと
音 ゲン　ガン

地元(현지)　元手(자본, 밑천)　手元(<바로>곁, 수중)
元気(건강, 기운)　復元(복원)　元日(설날)　元祖(원조)

切
訓 きる
音 セツ　サイ

紙を切る(종이를 자르다)
切実(절실)　一切(일체, 모두)

文

訓 ふみ
音 ブン　モン

・・・恋文(연애 편지)
文学(문학)　作文(작문)　文句を言う(불평을 하다)　注文(주문)
* 文字(문자)

正

訓 ただしい　ただす　まさ
音 セイ　ショウ

・・・正しい答え(올바른 답)　誤りを正す(잘못을 바로잡다)
日本語の先生は正に天才だ(일본어 선생님은 실로 천재다)
正確(정확)　正義(정의)　正面(정면)　正月(정월)　正直(정직)

右

訓 みぎ
音 ウ　ユウ

・・・右手を使う(오른 손을 사용하다)
右折(우회전)　左右を見る(좌우를 보다)

外

訓 そと　ほか　はずす　はずれる
音 ガイ　ゲ

・・・外に出る(밖으로 나가다)　外の方法(다른 방법)
席を外す(자리를 비우다)　戸が外れる(문짝이 떨어지다)
外国(외국)　外科(외과)　** 歯科(치과)　** 小児科(소아과)

台

訓
音 ダイ　タイ

・・・自動車2台(자동차 2대)
台風(태풍)　舞台(무대)　屋台(포장마차)

代 訓 かわる　かえる
音 ダイ　タイ　シロ

・・・息子に代って謝る(아들을 대신해서 사과하다)
書面をもってあいさつに代える(서면으로써 인사를 대신하다)
現代(현대)　時代(시대)　代謝(신진대사)　交代(교대)
身の代金(몸값)　代物(물건, 대금)

占 訓 しめる　うらなう
音 セン

・・・賛成意見が大半を占めた(찬성 의견이 대부분을 차지했다)
易者に将来を占ってもらう(점쟁이에게 장래를 점쳐 받다)
占領(점령)　独占(독점)

去 訓 さる
音 キョ　コ

・・・この世を去る(이 세상을 떠나다[죽다])
去年(작년)　死去(사망)　過去(과거)

生 訓 いきる　おう　うまれる　き　はえる　なま
音 セイ　ショウ

・・・生きのびる(살아남다)　生いしげる(우거지다)
生一本(강직함)　生ビール(생맥주)　生意気(건방짐)
草が生える(풀이 나다)　野生の動物(야생 동물)
幸福な一生(행복한 일생)　生涯(생애)

目 訓 め　ま
音 モク　ボク

・・・長い目で見る(긴 안목으로 보다)

事故を目の当たりにする(사고를 목격하다)

目的(목적)　目標(목표)　注目(주목)　科目(과목)

面目がない(면목이 없다)

自

訓 みずから

音 ジ　シ

・・・ 先生自ら模範を示す(선생님 스스로 모범을 보이다)

自信(자신)　自分(자기, 자신)　各自(각자)

独自(독자)　自然(자연)

会

訓 あう

音 カイ　エ

・・・ 友だちに会う(친구를 만나다)

会議(회의)　会話(회화)　社会(사회)

会釈をする(인사를 하다)　会得(터득, 깨침)

合

訓 あう

音 ゴウ　ガッ

・・・ 話し合う(이야기 나누다)

合格(합격)　都合(형편)　総合(종합)　合宿(합숙)

合併(합병)　合作(합작)

世

訓 よ

音 セ　セイ

・・・ 世の中(세상, 세계)　世を捨てる(속세를 떠나다)

世界(세계)　世代(세대)　世間(세상)　世紀(세기)

日系二世(일본계 2세)

行　訓 いく　ゆく　おこなう
　　音 コウ　ギョウ　(アン)

···行く(가다)　行方(행방)　試合を行う(시합을 하다)
　実行(실행)　行列(행렬)　行事(행사)

言　訓 いう　こと
　　音 ゲン　ゴン

···言い表す(<말로>표현하다)　言い訳(변명, 구실, 핑계)
　言葉(말, 어휘)　独り言(혼잣말, 독백)
　言論の自由(언론의 자유)　証言(증언)　発言(발언)
　伝言(전언)　遺言(유언)

形　訓 かた　かたち
　　音 ケイ　ギョウ

···形(형태)　母の形見(엄마의 유품)
　三角形(삼각형)　人形(인형)
　* 血液型(혈액형)　大型(대형)　小型(소형)

図　訓 はかる
　　音 ズ　ト

···事業の拡大を図る(사업 확장을 꾀하다)
　地図(지도)　図案(도안)　図書館(도서관)　意図(의도)

体　訓 からだ
　　音 タイ　テイ

···大きな体(커다란 몸)
　体験(체험)　体重(체중)　全体(전체)　団体(단체)

体裁(겉모양, 외관)　世間体(체면, 평판, 이목)

作
訓 つくる
音 サク　サ

・・・料理を作る(요리를 만들다)
名作(명작)　作戦(작전)　作用(작용)　動作(동작)
作業(작업)　操作(조작)

金
訓 かね(かな)
音 キン　コン

・・・金持ち(부자)　金づち(쇠망치)
金属(금속)　賃金(임금)　黄金時代(황금시대)

治
訓 おさまる　おさめる　なおる　なおす
音 ジ　チ

・・・病気が治る(병이 낫다)　国を治める(나라를 다스리다)
政治(정치)　自治(자치)　治療(치료)

物
訓 もの
音 ブツ　モツ

・・・生物(생물)　見物(구경)　物価(물가)
荷物(짐)　作物(작물)　貨物(화물)　書物(서적)

幸
訓 しあわせ　さいわい　さち
音 コウ

・・・幸せな日々(행복한 나날)　幸い(다행, 행복)
海の幸、山の幸(산해진미)
幸福になる(행복해지다)

命
訓 いのち
音 メイ　ミョウ

・・・命(생명, 목숨)　命令(명령)　運命(운명)　寿命(수명)

直
訓 ただちに　なおす　なおる
音 チョク　ジキ

・・・仲直りをする(화해를 하다)　欠点を直す(결점을 고치다)
計画を直ちに実行する(계획을 곧바로 실행하다)
直線を引く(직선을 긋다)　正直に話す(정직하게 이야기하다)

相
訓 あい
音 ソウ　ショウ

・・・相手を選ぶ(상대를 고르다)
進学の相談(진학 상담)　首相(수상)

度
訓 たび
音 ド　ト　タク

・・・度重なる事故(거듭되는 사고)
温度(온도)　態度(태도)
法度(금지사항)　支度(준비)　旅支度(여행준비)

発
訓 たつ
音 ハツ　ホッ

・・・旅に発つ(여행을 떠나다)
発言(발언)　発売(발매)　発想(발상)　発達(발달)　発生(발생)
出発(출발)　反発(반발)
発作(발작)　発端(발단)　発起(발기)

重

訓　え　おもい　かさなる　かさねる

音　ジュウ　チョウ

・・・二重まぶた(쌍꺼풀)　重い病気にかかる(중병에 걸리다)

折り重なる(포개어지다)

重要(중요)　重態(중태)　体重(체중)

貴重(귀중)　慎重(신중)　丁重(정중)　尊重(존중)

音

訓　おと

音　オン　イン

・・・変な音がする(이상한 소리가 나다)

音楽を聞く(음악을 듣다)　母音と子音(모음과 자음)

後

訓　うしろ　あと　おくれる

音　ゴ　コウ

・・・後ろを見る(뒤를 보다)　後で話す(나중에 이야기하겠다)

後れをとる(남보다 뒤지다)

午後(오후)　最後(마지막)　以降(이후)　後半(후반)　後世(후세)

省

訓　かえりみる　はぶく

音　ショウ　セイ

・・・無駄を省く(쓸데없는 것을 없애다)

過去のあやまちを省みる(과거의 잘못을 반성하다)

省略する　反省する

納

訓　おさめる

音　ノウ　ナッ　トウ　ナ

・・・納める([세금 등을] 내다)

納税(납세)　納品(납품)　結納(약혼예물)　納得(납득)

出納(출납)　納屋(헛간)

家
訓 いえ
音 カ ケ ヤ

···家に帰る(집으로 돌아가다)
家族(가족)　作家(작가)　家来(부하)　出家(출가)
家賃(집세)　大家(셋집 주인)

問
訓 とう
音 モン トン

···責任を問う(책임을 묻다)　問い合わせる(문의하다)
問題(문제)　質問(질문)　問屋(도매상)

病
訓 やむ やまい
音 ビョウ ヘイ

···心臓を病む(심장을 앓다)　病は気から(병은 마음에서 생긴다)
病気(병)　伝染病(전염병)　疾病(질병)

強
訓 つよい しいる つよまる
音 キョウ ゴウ

···人に強いる(남에게 강요하다) 風が強まる(바람이 강해지다)
強敵と戦う(강적과 싸우다)　強引(억지로 함)　強盗(강도)
強情(고집, 고집이 셈)

象
訓 ぞう
音 ショウ

···象の長い鼻(코끼리의 기다란 코)
印象(인상)　対象(대상)

現象(현상) ↔ 現像([사진]현상)　想像(상상)

新
訓　あたらしい　あらた
音　シン　ニイ

・・・新しいカバン(새 가방)

新たな問題が起こる(새로운 문제가 일어나다)

新聞(신문)　新鮮(신선)　更新(갱신)　新妻(새 신부, 새댁)

説
訓　とく
音　セツ　ゼイ

・・・説明(설명)　小説(소설)　演説(연설)　遊説(유세)

質
訓
音　シツ　シチ

・・・質問(질문)　品質(품질)　質素(검소)

質屋(전당포)　人質(인질)

＊気質(기질)

興
訓　おこる　おこす
音　キョウ　コウ

・・・興味(흥미)　興奮(흥분)　振興(진흥)

頭
訓　あたま　かしら
音　トウ　ズ (ト)

・・・頭がいい(머리가 좋다)　目頭が熱い(눈시울이 뜨겁다)

先頭を走る(선두를 달리다)　頭痛がする(두통이 나다)

＊音頭を取る(선창하다, 앞장서다)

その他

- 稼動(가동)
- 供給(공급)
- 復活(부활)
- 示唆(시사)
- 芝生(잔디)
- 症状(증상)
- 平等(평등)

- 乾燥(건조)
- 老朽(노후)
- 神社(신사)
- 殺到(쇄도)
- 渋滞(정체)
- 早速(즉시)
- 七夕(7월 칠석)

- 景色(경치)
- 通夜(밤샘)
- 需要(수요)
- 維持(유지)
- 措置(조치)
- 火傷(화상)
- 意気地(패기)

- 気配(낌새)
- 汚職(부정)
- 首脳(수뇌)
- 唯一(유일)
- 証拠(증거)
- 妥協(타협)

V. 次の問題にもっとも適当な答えを(A)から(D)の中で一つ選んでください。

01. 国民として<u>税金</u>を納める。

    (A) せいきん   (B) さいきん   (C) ぜいきん   (D) ざいきん

02. 7人の<u>人質</u>は無事に救出された。

    (A) ひとじち   (B) ひとしつ   (C) にんしつ   (D) じんしつ

03. 恋人と別れてから、<u>一切</u> 口をきかない。

    (A) いっせつ   (B) いっさい   (C) いちせつ   (D) いちさい

04. いろいろ<u>しんぱい</u>をかけてすみませんでした。

    (A) 神拝   (B) 心拝   (C) 新配   (D) 心配

05. <u>けいだい</u>にはたくさんの参拝客がいる。

    (A) 境内   (B) 形態   (C) 敬体   (D) 携帯

06. 韓国で日本の歴史を<u>おそわった</u>。

    (A) 習わった   (B) 授わった   (C) 教わった   (D) 伝わった

07. うちの先生は見かけによらず<u>はずかしがりや</u>です。

    (A) きもが太い
    (B) ずうずうしい
    (C) 人前で上がってしまう
    (D) 前向き

08. 来週の金曜日までにレポートを提出するように。

(A) 来週の金曜日までにレポートを提出しますか。

(B) 来週の金曜日までにレポートを提出してください。

(C) 来週の金曜日までにレポートを提出するらしいです。

(D) 来週の金曜日までにレポートを提出するそうです。

09. だれも話す人がいなければ、私が話さざるを得ない。

(A) 話したほうがいい。

(B) 話すことができない。

(C) 話すわけにはいかない。

(D) 話さなければならない。

10. いけないと思いながら、やってしまった。

(A) 友だちがうれしそうに笑いながら歩いてくる。

(B) 体は小さいながら、ケンカは強い。

(C) 先生と話しながら駅の方へ行った。

(D) 残念ながら今日は参加できない。

11. 雨に降られて、パンツまで濡れた。

(A) 先生は昨日韓国に来られた。

(B) この建物は2003年に建てられた。

(C) ささいなことで社長におこられた。

(D) 明日は休みなので、ゆっくり寝られる。

12. 買ったばかりのケイタイをなくしてしまった。

(A) 勉強もしないで遊んでばかりいる。

(B) 今にも泣かんばかりに顔をゆがめた。

(C) 上司の批判をちょっと言ったばかりに首になった。

(D) 昨日東京から来たばかりです。

Part5. EXERCISE 해석 및 해설

정답 C **01.** 国民として税金を納める。

(A) せいきん　　(B) さいきん　　(C) ぜいきん　　(D) ざいきん

・ 納める : 바치다, 납입하다, 받아들이다, 넣다
→ 収める(거두다), 治める(다스리다), 修める(학문을 닦다, 수양하다)

국민으로서 세금을 납부하다.

정답 A **02.** 7人の人質は無事に救出された。

(A) ひとじち　　(B) ひとしつ　　(C) にんしつ　　(D) じんしつ

・ 人質 : 인질 (「質」의 음독은 대개 '시쯔'이지만, 여기서는 예외적으로 「じち」가 되었다. "예외"는 시험에서 특히 중요하다. 기본을 알고 그 위에 예외를 익힌다면 처음 보는 한자 조합어도 읽어낼 수 있게 된다) → 파트5 부록(중요 한자 "質") 참조.
・ 無事(に) : 무사히, 별다른 과실이 없음　　・ 救出(する) : 구출(하다)

일곱 명의 인질들은 무사히 구출되었다.

정답 B **03.** 恋人と別れてから、一切 口をきかない。

(A) いっせつ　　(B) いっさい　　(C) いちせつ　　　(D) いちさい

・ 一切 : 일체, 모두 (「切」은 대개 '세쯔'로 읽히지만, 여기서는 예외적으로 「さい」가 되었다) → 파트5 부록(중요 한자 "切") 참조.
・ 口をきく : 말을 하다(= 口にする)

연인과 헤어지고 나서, 일체 말을 하지 않는다.

정답 D **04.** いろいろしんぱいをかけてすみませんでした。

(A) 神拝(?)　　　(B) 心拝(?)　　　(C) 新配(?)　　　(D) 心配

・ 心配 : 걱정, 근심 (→ 心配をかける[걱정을 끼치다])

여러 가지로 걱정을 끼쳐서 죄송했습니다.

05. けいだいにはたくさんの参拝客（さんぱいきゃく）がいる。

(A) 境内（けいだい）　　(B) 形態（けいたい）　　(C) 敬体（けいたい）　　(D) 携帯（けいたい）

···· ・境内（けいだい） : (신사, 사찰의) 경내

　　＊ "신사"와 관련된 말은 거의 예외적으로 읽힌다. 예) 会釈（えしゃく）, 会得（えとく）, 神社（じんじゃ） 등

　　・形態（けいたい） : 형태　　　　・敬体（けいたい） : 경어체

　　・携帯（けいたい） : 휴대 (대표 뜻으로 '휴대전화'를 말하기도 한다)

경내에는 많은 참배객이 있다.

06. 韓国で日本の歴史をおそわった。

(A) 習わった(?)　　(B) 授わった(?)　　(C) 教わった　　(D) 伝わった

···· ・教（おそ）わる : 배우다, 가르침을 받다

　　・伝（つた）わる : 전해지다, 전달되다, 전래되다

한국에서 일본 역사를 배웠다.

07. うちの先生（せんせい）は見（み）かけによらずはずかしがりやです。

(A) きもが太（ふと）い

(B) ずうずうしい

(C) 人前（ひとまえ）で上（あ）がってしまう

(D) 前向（まえむ）き

···· ・見（み）かけによらず : 겉보기와 달리

　　・恥（はず）かしがり屋（や） : 부끄러움을 잘 타는 사람 (～がり屋（や） : 쉽게 ～하는 사람)

　　・肝（きも）が太（ふと）い : 간이 크다, 대담하다.

　　・ずうずうしい : 뻔뻔스럽다, 낯두껍다 (=あつかましい)

　　・上（あ）がる : 대표 뜻으로 '오르다'이지만, 「(떨려서) 얼다」의 뜻도 있다.

　　・前向（まえむ）き : (사고, 행동이) 적극적, 진취적

우리 선생님은 겉보기완 달리 부끄러움을 잘 타는 사람입니다.

08. 来週（らいしゅう）の金曜日（きんようび）までにレポートを提出（ていしゅつ）するように。

(A) 来週の金曜日までにレポートを提出しますか。

(B) 来週の金曜日までにレポートを提出してください。

(C) 来週の金曜日までにレポートを提出するらしいです。

(D) 来週の金曜日までにレポートを提出するそうです。

・・・ ・ ～までに : ～까지(완료)　　・ ～ように : ～도록, ～하게

다음주 금요일까지 리포트를 제출하도록!
(A) 다음주 금요일까지 리포트를 제출합니까?
(B) 다음주 금요일까지 리포트를 제출해 주세요.
(C) 다음주 금요일까지 리포트를 제출하는 것 같습니다.
(D) 다음주 금요일까지 리포트를 제출한답니다.

정답 D　09. だれも話す人がいなければ、私が話さざるを得ない。

(A) 話したほうがいい。

(B) 話すことができない。

(C) 話すわけにはいかない。

(D) 話さなければならない。

・・・* 동사 ない형 + ざるを得ない : ～하지 않을 수 없다, ～해야 한다
(A) 동사 과거형 + ほうがいい : ～하는 편이 좋다
(B) 동사 기본형 + ことができない : ～할 수 없다
(C) 동사 기본형 + わけにはいかない : ～할 수는 없다
(D) 동사 ない형 + なければならない : ～하지 않으면 안 된다, ～해야 한다

아무도 이야기하는 사람이 없다면, 내가 이야기하지 않을 수 없다.
(A) 이야기하는 편이 좋다.
(B) 이야기할 수 없다.
(C) 이야기할 수는 없다.
(D) 이야기하지 않으면 안 된다.

정답 B　10. いけないと思いながら、やってしまった。

(A) 友だちがうれしそうに笑いながら歩いてくる。

(B) 体は小さいながら、ケンカは強い。

(C) 先生と話しながら駅の方へ行った。

(D) 残念ながら今日は参加できない。

・いけない : 나쁘다, 좋지 않다, 안됐다　　・喧嘩 : 싸움

・残念ながら : 유감스럽게

*'역접'의「ながら」를 찾는 문제.

　(A)와 (C)는 "동시동작" / (D)는「残念」과 붙어 부사로 쓰였다.

안된다고 생각하면서 해 버렸다.

(A) 친구가 기쁜 듯이 웃으면서 걸어온다.

(B) 몸은 작지만, 싸움은 잘한다.

(C) 선생님과 이야기하면서 역 쪽으로 갔다.

(D) 유감스럽게도 오늘은 참석할 수 없다.

11. 雨に降られて、パンツまで濡れた。

정답 **C**

(A) 先生は昨日韓国に来られた。

(B) この建物は2003年に建てられた。

(C) ささいなことで社長におこられた。

(D) 明日は休みなので、ゆっくり寝られる。

・濡れる : 젖다　　・ささい : 사소함, 하찮음　　・ゆっくり : 푹, 천천히

*'피해'의「수동(〜れる/〜られる)」을 찾는 문제.

(A) '존경'의「〜れる/〜られる」

(B) '자발(동작주 불투명)'의「수동(〜れる/〜られる)」

(D) '가능'의「〜られる」

비를 맞아서 팬티까지 젖었다.

(A) 선생님은 어제 한국에 오셨다.

(B) 이 건물은 2003년에 지어졌다.

(C) 사소한 일로 사장님에게 혼났다.

(D) 내일은 휴일이기 때문에 푹 잘 수 있다.

12. 買ったばかりのケイタイをなくしてしまった。

정답 **D**

(A) 勉強もしないで遊んでばかりいる。

(B) 今にも泣かんばかりに顔をゆがめた。

(C) 上司の批判をちょっと言ったばかりに首になった。

(D) 昨日東京から来たばかりです。

••• ・今にも : 이제 곧, 조금 있으면　　・歪める : 찌푸리다, 비뚤어지게 하다

　　・上司 : 상사　　・批判 : 비판　　・首になる : 해고되다

••• *‘~한지 얼마 안 된’의 「동사 과거형(た) + ばかり」를 찾는 문제.

　　(A) ~て + ばかり : ~하고만 있다

　　(B) 동사 ない형 + ん(ぬ) + ばかり : 금방이라도 ~할 듯하다

　　(C) 동사 과거형(た)　+ ばかりに : ~한 탓으로

　　　　→ 자세한 내용은 파트7 부록(중요 문형/문법)에서 확인!!

산 지 얼마 안 된 휴대전화를 잃어버렸다.

　　(A) 공부도 하지 않고 놀고만 있다.

　　(B) 지금이라도 울듯이 얼굴을 찡그렸다.

　　(C) 상사를 약간 비판했다는 이유로 해고되었다.

　　(D) 어제 동경에서 막 왔습니다.

Japanese Proficiency Test

PART6

오문 정정

문장 속에서 틀린 곳이나 부적절한 부분을 찾는 파트로, 정확한 작문력이 없으면 좀처럼 정답을 찾아낼 수 없는 비교적 어려운 파트이다.

이 파트에서는 조사, 품사활용, 부사, 자·타동사, 긍정·부정형, 존경표현, 관용표현, 한국식 표현 등이 출제되는데, 파트5의 「어휘 및 동일용법 문제」, 「간단한 문법문제」와 마찬가지로 우선 문장해석을 해야 틀린 부분을 쉽게 찾을 수 있다.

해석하는 중에 틀린 부분을 못 찾았다면, 조사, 활용, 관용표현, 한국식 표현 등을 의심해 볼 만하다.

시간배분을 위해 모르는 문제는 나중으로 미루고 나머지 문제들을 풀어야 한다(8분 이상 소요하지 않도록 주의!).

엄청중요한

의성어 / 의태어

あ〜お

あっさり　① 맛이나 색, 디자인 따위가 산뜻(담박)한 모양
　　　　　　② 천성이나 태도가 시원스러운 모양(쉽게, 깨끗이)

예) 暑いときには あっさり したものがいい。
　　(더울 때에는 담박한 것이 좋다)
　　しきりに頼んだが、あっさり(と)断られた。
　　(계속해서 부탁했지만, 깨끗이 거절당했다)

いそいそ　이제부터 할 일이 자못 기뻐서 동작이 들뜬 모양
　　　　　　(신바람 나서, 부랴부랴, 허겁지겁, 총총히)

예) 弟は いそいそ と遠足に行く用意をしている。
　　(남동생은 신바람이 나서 소풍 갈 준비를 하고 있다)

いらいら　안달복달하거나 초조한 모양(＝じりじり)

예) バスが時間通りに来なくて いらいら する。
　　(버스가 시간대로 오지 않아 초조해 하다)

うっかり　주의가 부족해서 일을 그르치는 모양(깜박, 무심코)

예) うっかり 宿題を忘れてしまった。　(깜박 숙제를 잊어버렸다)

うつらうつら　꾸벅꾸벅(＝うとうと, こっくり)

예) ゆうべよく寝ていないので、一日中 うつらうつら していた。

(어젯밤에 충분히 자지 못해서, 하루 종일 꾸벅꾸벅 졸았다)

うろうろ 우왕좌왕하는 모양, 허둥지둥(＝うろつく)

예) 変な人が家の前をうろうろしている。

(이상한 사람이 집 앞을 어정대고 있다)

近所の火事にうろうろするばかりだった。

(근처의 화재에 허둥대고만 있었다)

うんざり 같은 일이 계속되어 싫증이 나는 모양

예) もう試験はうんざりだ。 (이제 시험은 지긋지긋하다)

おっとり 인품이나 태도 따위가 온화하고 느긋한 모양

(의젓하게, 대범하게)

예) 社長はおっとりした人柄の持ち主だ。

(사장님은 느긋하고 대범한 인품의 소유자이다)

おずおず 무서워서 주저하는 모양(쭈뼛쭈뼛, 머뭇머뭇)

예) 遅刻して、おずおずと教室に入った。

(지각해서, 머뭇머뭇 교실에 들어갔다)

おどおど 상대가 무서워서 아무것도 할 수 없는 모습(주저주저, 벌벌)

예) 何かを聞かされて、おどおどする。 (무언가를 듣고 벌벌 떤다)

か～こ

がつがつ ① 음식에 대해 걸신들린 모양, 게걸스러운 모양
② 무턱대고 욕심내거나 물건을 갖고 싶어하는 모양

예) そんなにがつがつ食べるのはみっともない。

(그렇게 게걸스럽게 먹는 것은 꼴불견이다)

あまりお金にがつがつするな。 (너무 돈에 욕심내지 마라)

がっかり　실망, 낙담하는 모양

예) 皆、宴会が中止になってがっかりしている。

(모두들 회식이 중지가 되어 실망하고 있다)

がっくり　① 갑자기 힘이 빠져 꺾여지는 모양(푹, 쑥, 덜컥)

② 기가 꺾이거나 맥이 풀리는 모양(푹, 탁)

예) がっくり(と)ひざを 折る。 (푹하고 무릎을 꿇다)

試験に落ちてがっくりする。 (시험에 떨어져서 풀이 탁 죽다)

がっしり　체격이나 구조가 안정되고 옹골찬 모양(튼튼한, 옹골찬)

예) 若いころ運動した人は、年をとっても体ががっしりしている。

(젊을 때 운동을 한 사람은, 나이를 먹어서도 몸이 튼튼하다)

がらがら　안이 텅 비어 있는 상태

예) 昼間の電車はわりとがらがらだ。

(한낮의 전철은 비교적 텅텅 비어 있다)

かんかん　몹시 화내는 모양(노발대발)

예) 父がかんかんになって、おこっている。

(아버지가 불같이 화내고 있다)

がんがん　골치가 몹시 아픈 모양(욱신욱신)

예) 二日酔いで、頭ががんがんする。 (숙취로 머리가 욱신거리다)

きちんと　① 과부족이 없는 모양(정확히)

② 깔끔히, 말쑥이

예) あの教会の時計はいつもきちんと合っている。

(저 교회의 시계는 언제나 정확히 맞다)

面接の時は、きちんとした服装をしてください。

(면접 때는 말끔한 복장을 해 주세요)

きっかり　정확히, 정각에

예) きっかり12時に会いましょう。（정각 12시에 만납시다）

ぎっしり　많은 것이 빈틈없이 들어있는 모양(가득, 꽉)

예) 本棚に本がぎっしり入っている。（책장에 책이 가득 들어 있다）

きっぱり　단호한 태도를 취하는 모양(딱 잘라, 단호히, 분명히)
　　　　　⇨ 断わる(거절하다)와 잘 어울린다.

예) 私は「ノー」と言って、きっぱり断わることが苦手だ。
　　（나는 "NO"라고 딱 잘라 거절하는 것이 서툴다）

ぎゅうぎゅう　꽉꽉, 누름, 죔(＝きゅうきゅう)

예) ぎゅうぎゅうに詰め込む。（꽉꽉 눌러 담다）

ぎりぎり　한계점에 다다른 모양(빠듯함)

예) 終電にぎりぎり間に合った。（마지막 전철에 빠듯이 대었다[마지막 전
　　철을 가까스로 탔다]）

くすくす　웃음을 억지로 참는 모양(낄낄, 킥킥)

예) くすくす笑いながら人の顔を見るのは失礼だ。
　　（킥킥 웃으면서 남의 얼굴을 보는 것은 실례이다）

ぐずぐず　행동이 느려 시간이 걸리는 모습(꾸물꾸물)

예) ぐずぐずしないで早くやりなさい。遅刻するよ。
　　（꾸물거리지 말고 빨리 해라. 지각하겠다）

くたくた　움직일 수 없을 정도로 매우 지쳐있는 모양

예) 疲れてくたくたになる。（피곤해서 녹초가 되다）

くっきり　뚜렷하게, 선명히

예) きつい服で、下着がくっきり見えた。

(꽉끼는 옷 때문에 속옷이 선명히 보였다)

ぐっすり　깊이 잠든 모양(푹)

예) 夕べはぐっすり眠れましたか。　(어젯밤은 푹 잤습니까?)

ぐったり　피로 병 따위로 아주 녹초가 된 모양, 축 늘어진 모양

예) 徹夜続きで、ぐったりとなる。　(계속되는 철야로 녹초가 되다)

くよくよ　사소한 일을 늘 걱정하는 모양(끙끙)

예) それぐらいの失敗で、くよくよしないでよ。

(그 정도의 실패로 끙끙대지 말아요)

くらくら　① 현기증이 나는 모양(어질어질, 아찔아찔)
　　　　　　② 물이 끓어오르는 모양(부글부글)

예) 高いビルの上から下を見たら、目がくらくらした。

(높은 빌딩 위에서 아래를 보자, 눈이 어질어질 했다)
湯がくらくら煮え立つ。　(물이 부글부글 끓어오른다)

げらげら　거리낌 없이 크게 웃는 모양(껄껄)

예) テレビを見ながら、大声を出してげらげら笑う。

(텔레비전을 보면서, 큰소리를 내며 껄껄 웃는다)

こそこそ　남모르게 하는 모양(살금살금, 은근슬쩍, 소곤소곤)

예) 彼女はうしろの席でこそこそ話をしている。

(그녀는 뒷자리에서 소곤소곤 이야기를 하고 있다)

こつこつ　① 단단한 것이 가볍게 부딪히는 소리(톡톡, 똑똑, 딱딱)
　　　　　　② 쉬지 않고 착실하게 힘쓰는 모양(꾸준히, 쉬지 않고)

예) 彼はこつこつ勉強する。　(그는 꾸준히 공부한다)

こっそり　남몰래 행동하는 모양(가만히, 살짝, 몰래)

예) だれにも知られないように、こっそり家を出た。

(아무도 모르게, 살짝 집을 나왔다)

ごろごろ　① 데굴데굴(큰 물건이 천천히 굴러가는 모양)
　　　　　② 우르르(천둥소리)

예) 大きな石をごろごろ転がして運ぶ。　(큰 돌을 데굴데굴 굴리며 운반하다)
　ごろごろ雷が鳴っている。　(우르르 천둥이 치고 있다)

さ～そ

ざあざあ　많은 비가 오는 모양(쏴아 쏴아)

예) 雨がざあざあ降る。　(비가 쏴아 쏴아 내리다)

さっさと　망설이거나 지체하지 않는 모양(빨랑빨랑, 지체 없이)

예) 仕事が終わったら、さっさと帰る。　(일이 끝나면 지체 없이 돌아간다)

ざっと　대강, 대충

예) 借りた本はざっと目を通しただけだ。

(빌린 책은 대강 훑어봤을 뿐이다)

さっぱり　① 산뜻하고 말쑥하고 시원시원한 모양
　　　　　② 담박한 모양

예) さっぱりした身なりで出かけた。　(산뜻한 옷차림으로 외출했다)
　この料理、さっぱりしていますね。　(이 요리, 담박하군요)

★「さっぱり」는 뒤에 부정어를 수반하여 "전혀"의 의미로도 쓰인다.
예) あの人の話はさっぱりわからない。　(그 사람의 이야기는 전혀 모르겠다)

さらりと　① 매끈한 모양

② 구애됨이 없는 모양, 깨끗하게 해치우는 모양

예) さらりとした布で作ったブラウス。

　　(매끈한 천으로 만든 블라우스)

　　会社をさらりとやめて、田舎へ帰った。

　　(회사를 깨끗이 그만두고, 시골로 돌아갔다)

しくしく　① 소리 내지 않고 힘없이 우는 모양(훌쩍훌쩍)
　　　　　② 끊임없이 조금 아픈 모양(콕콕, 쌀쌀, 뜨끔뜨끔)

예) しくしく泣きつづける。 (훌쩍훌쩍 계속 울다)

　　虫歯がしくしく痛む。 (충치가 콕콕 쑤시며 아프다)

しっかり　(물건이) 견고한 모양, (사람이) 견실한 모습

예) 結婚してからしっかりした人になった。

　　(결혼하고 나서 견실한 사람이 되었다)

しょんぼり　기운 없이 풀이 죽은 모양(힘없이, 풀이 죽어, 쓸쓸히)

예) その子は叱られて、しょんぼりしていた。

　　(그 아이는 야단을 맞아서 풀이 죽어 있었다)

すくすく　건강하게 잘 자라는 모양(쑥쑥, 무럭무럭)

예) 両親の愛で赤ん坊はすくすく育っている。

　　(부모님의 사랑으로 아기는 무럭무럭 자라고 있다)

すっかり　완전히, 아주

예) まだ2月なのにすっかり春になった。 (아직 2월인데 완전히 봄이 됐다)

すっきり　① 산뜻하고 상쾌한 모양
　　　　　② 간소하고 품위 있는 모양, 단아하고 말끔한 모양

예) 悩みを全部話してすっきりした。 (고민을 전부 이야기해서 시원했다)

　　文章がすっきりしている。 (문장이 말끔하다)

すやすや　편하게 잠든 모양(새근새근)

예) 赤ちゃんがすやすや寝ている。　(아기가 새근새근 자고 있다)

すらすら　막힘이 없이 원활히 진행되는 모양(줄줄, 척척)

예) 難しい問題をすらすらと解いた。　(어려운 문제를 척척 풀었다)

ずらり　여럿이 늘어선 모양

예) 入り口には、順番を待っている人がずらりと並んでいる。

　　(입구에는 순서를 기다리는 사람이 죽 늘어서 있다)

せかせか　말씨나 동작이 조급한 모양

예) 部長はいつも忙しそうにせかせか歩いている。

　　(부장님은 늘 바쁜 듯이 성급하게 걷는다)

せっせと　부지런히 쉬지 않고 일하는 모양(부지런히, 열심히)

예) 毎日せっせと働いてお金を貯める。　(매일 부지런히 일해서 돈을 모으다)

ぞくぞく　① 추위로 몸이 떨리는 모양(오슬오슬, 오싹오싹)
　　　　　② 공포로 소름이 끼치는 모양(주뼛주뼛, 섬뜩섬뜩)
　　　　　③ 극도의 긴장이나 흥분으로 몸이 떨리는 모양(울렁울렁)

예) 熱があるのか、体がぞくぞくする。

　　(열이 있는지 몸이 오슬오슬한다)
　　学校怪談を聞いてぞくぞくした。　(학교괴담을 듣고 섬뜩했다)
　　明日のテストを考えるとぞくぞくする。

　　(내일 시험을 생각하면 가슴이 울렁거린다)

そっくり　전부, 모조리, 꼭 닮음

예) あの兄弟はそっくりですね。　(저 형제는 무척이나 닮았군요)

そっと　① 소리가 나지 않는 모양(가만히, 조용히)

② 몰래, 살짝, 살며시

예) まだ暗いうちに、そっと部屋を出た。

(아직 어두울 때에 살며시 방을 나왔다)

部屋の中をそっとのぞいてみる。 (방안을 살짝 들여다보다)

た〜そ

`たっぷり` 충분한 모양, 넘칠 만큼 많은 모양(듬뿍, 많이)

예) パンにバターをたっぷりつける。 (빵에 버터를 듬뿍 바르다)

`だぶだぶ` 옷 따위가 커서 맞지 않는 모양, 헐렁헐렁
      ↔ きつい(꼭 끼다)

예) 先生はだぶだぶのセーターを着ている。

(선생님은 헐렁한 스웨터를 입고 있다)

`ちびちび` 단번에 힘차게 하지 않고 조금씩 하는 모양(홀짝홀짝, 조금씩)

예) 一人でお酒をちびちび飲んでいる。

(혼자서 술을 홀짝홀짝 마시고 있다)

`ちゃんと` 정확하고 틀림없는 모양(착실히, 빈틈없이, 단정히)

예) 大切な書類なのだから、ちゃんと書かなければならない。

(중요한 서류이니까 정확히 쓰지 않으면 안 된다)

`つくづく` 곰곰이, 눈 여겨 지그시

예) つくづくと将来のことを考える。 (곰곰이 장래 일을 생각하다)

`てきぱき` 일을 순조롭게 해내는 모양(척척)

예) 仕事をてきぱき片付ける。 (일을 척척 해치우다)

`どきどき` (가슴이) 두근두근, 울렁울렁

예) 憧れの先輩に話しかけられて、胸がどきどきする。

（동경하던 선배가 말을 걸어와 가슴이 두근두근하다）

どっしり　무거운 모양, 듬직한 모양

예) 母のどっしりしたかばんを持ってみた。

（어머니의 묵직한 가방을 들어보았다）

とぼとぼ　기운 없이 걷는 모양(터벅터벅)

예) 彼女が一人でとぼとぼ歩いてくる。

（그녀가 혼자서 터벅터벅 걸어온다）

どんどん　일이 순조롭게 진행되는 모양(척척, 점점)

예) 離婚する人がどんどん増えている。

（이혼하는 사람이 점점 늘고 있다）

な〜の

なよなよ　연약한 모양, 가냘픈 모양(나긋나긋)

예) なよなよとした女性はモテる。　（나긋나긋한 여성은 인기가 있다）

にこにこ　기쁜 듯이 연속적으로 웃는 모양(생긋생긋, 싱글벙글)

예) いつもにこにこ笑っている。（언제나 생글생글 웃고 있다）

にやにや　재미있는 일이나 별난 일을 상상하는 모양(히죽히죽, 싱글싱글)

예) 犯人はにやにやと笑うばかりだった。

（범인은 히죽히죽 웃기만 할 뿐이었다）

のろのろ　동작・행동이 굼뜬 모양(느릿느릿, 꾸물꾸물)

예) 渋滞で、車がのろのろ走る。（정체로 차가 느릿느릿 달린다）

のんびり　마음이 평화로우며 여유 있는 모양(유유히, 한가롭게)

예) たまには家でのんびりしたい。（때로는 집에서 한가롭게 지내고 싶다）

は～ほ

ぱくぱく　음식을 게걸스럽게 먹어치움(덥석덥석)

예) 出された料理をぱくぱくと食べてしまう。

　　　（나온 요리를 덥석덥석 먹어 치우다）

はっきり　① 명확하게 말하는 모양(똑똑히, 확실히, 뚜렷이)
　　　　　② 산뜻하고 상쾌한 모양(말끔히)

예) はっきりしたことはまだ分からない。（확실한 것은 아직 모른다）

　　頭がはっきりしない。（머리가 말끔하지 않다）

はらはら　위태로워 몸이 다는 모양(조마조마, 아슬아슬)

예) 見ていてもはらはらする。（보고만 있어도 조마조마하다）

ばらばら　하나로 된 것이 따로따로 흩어진 모양(뿔뿔이)

예) ベランダから落ちたおもちゃがばらばらになった。

　　　（베란다에서 떨어진 장난감이 산산조각이 났다）

びくびく　무서워서 떠는 모양(벌벌, 오들오들)

예) あまりの恐ろしさにただびくびくしていた。

　　　（너무 무서워서 그저 벌벌 떨고 있었다）

びしょびしょ　흠뻑 젖은 모양(＝びっしょり), 비가 줄기차게 오는 모양

예) 雨で、服がびしょびしょになった。（비 때문에 옷이 흠뻑 젖었다）

ひそひそ　남에게 들리지 않도록 속삭이는 모양(소곤소곤)

예) となりの人とひそひそ話した。（옆 사람과 소곤소곤 이야기했다）

| ひらひら | 종이, 깃발 등이 바람에 나부끼는 모양(펄럭펄럭) |

예) 世界各国の旗が風に ひらひら する。

(세계 각국의 깃발이 바람에 펄럭거리다)

| ぶつぶつ | ① 낮은 소리로 중얼거리는 모양(중얼중얼) |
| | ② 불평・불만을 투덜대는 모양(투덜투덜) |

예) ぶつぶつ 独り言を言っている。 (중얼중얼 혼잣말을 하고 있다)

彼はいつも ぶつぶつ 文句を言う。 (그는 언제나 투덜투덜 불평을 한다)

| ふらふら | 사물이 안정되지 못한 모양(흔들흔들, 빙빙) |

예) 3時間も歩いて足が ふらふら する。

(3시간이나 걸어서 다리가 휘청거리다)

| ぶらぶら | ① 매달려서 흔들거리는 모양(흔들흔들) |
| | ② 하는 일이 없는 모양(빈둥빈둥, 어슬렁어슬렁) |

예) 洗濯物が風に吹かれて、 ぶらぶら する。

(세탁물이 바람에 (나부끼어) 흔들흔들한다)

会社をやめて、 ぶらぶら している。

(회사를 그만두고 빈둥대며 놀고 있다)

| ぶるぶる | 추위나 공포 등으로 떠는 모양(벌벌, 부들부들) |

예) こんな寒い日にシャツ1枚で、 ぶるぶる ふるえている。

(이런 추운 날에 셔츠만 입고 부들부들 떨고 있다)

| ぺこぺこ | 배가 몹시 고픈 모양, 찌그러진 모양 |

예) 朝ご飯を抜いて、今おなかが ぺこぺこ だ。

(아침밥을 걸러서, 지금 배가 몹시 고프다)

| べたべた | 물건이 들러붙는 모양(끈적끈적, 치덕치덕) |

⇨ 貼る(붙이다)와 잘 어울린다.

예) 汗で手がべたべたする。 (땀으로 손이 끈적끈적하다)

へとへと　몹시 지쳐 힘이 없는 모양

예) マラソンでへとへとになった。 (마라톤으로 녹초가 되었다)

ぺらぺら　입심 좋게 잘 지껄여 대는 모양(줄줄, 술술)

예) 日本語の先生は英語もぺらぺらだ。

　　(일본어 선생님은 영어도 아주 잘 한다)

ほっと　긴장이 풀려 안심하는 모양(후유)

예) 無くしたケイタイが見つかってほっとした。

　　(잃어버렸던 휴대전화가 발견되어 안심했다)

ぼろぼろ　물건, 천 등이 형편없이 해진 모양(너덜너덜)

예) 私の辞書は15年も使って、もうぼろぼろになっている。

　　(나의 사전은 15년이나 사용해서 이젠 너덜너덜해져 있다)

ぼんやり　① 또렷하지 않은 모양(희미하게, 어렴풋이)
　　　　　② 무엇을 잘 알아차리지 못하는 모양(멍청하게, 멀거니)

예) ぼんやりとしか覚えていない。 (어렴풋이 밖에 기억하지 못하다)
　　一日中ぼんやり(と)して過ごす。 (하루 종일 멍하니 지내다)

ま～も

むかむか　속이 메스꺼운 모양

예) 飲みすぎてむかむかする。 (너무 마셔서 울렁거리다)

めきめき　눈에 띄게 성장하는 모양(무럭무럭)

예) 彼女の日本語はめきめき上達した。

　　(그녀의 일본어 실력은 눈에 띄게 늘었다)

| めちゃめちゃ | 엉망(진창) = めちゃ의 힘준말 |

예) 小_{ちい}さい子_{こども}供がいるので、家_{いえ}の中_{なか}はいつもめちゃめちゃだ。

　　(꼬마가 있어서, 집 안은 늘 엉망이다)

その他

| わくわく | 기쁨·기대·걱정 따위로 가슴이 설레는 모양 |

　　　　　　(두근두근, 울렁울렁)

예) わくわくしながら入_{にゅうがくしき}式を待_まっている。

　　(두근거리며 입학식을 기다리고 있다)

Ⅵ. 次の線の中で正しくないものを一つ選んでください。

01. 息子は母親<u>よりも</u>父親<u>の私を</u><u>似ている</u>とよく<u>言われています</u>。
                  A   B   C   D

02. 高校<u>に入って</u>から本を<u>読む</u>すぎて、<u>急に</u>目が悪くなってしまった。
           A   B   C   D

03. <u>待ちに待った</u>料理が<u>運ばれて来る</u>と、みんな<u>おいしい</u>そうに食べ始めた。
          A   B   C   D

04. 高校<u>時代</u>、日本語<u>を</u>教えて<u>くださった</u>先生は決して<u>忘れられる</u>。
            A   B   C   D

05. <u>まっすぐ</u>行く<u>と</u>右側に郵便局がありますから、<u>あそこで</u>切手を<u>買って</u>ください。
          A   B   C   D

06. 本日発売のチケットを買いに 行ったら、入口から多い人がずらっと並んでいた。
　　　　　　　　　　　　　　　A　　　　B　　　　　　　C　　　　D

07. 海外旅行をするため、3年前から こつこつとお金を集めている。
　　　　　　　　　A　　　　　　　B　　　C　　　　　　D

08. 夕べはとても疲れているので、運動もせずにすぐ寝てしまった。
　　　　　　A　　　　　　　B　　　　　　　C　　　　　　　D

09. まもなく電車がまいります。危ないですから、黄色い線の内側にお下がってください。
　　　　　　　　A　　　　　B　　　　　　　C　　　　　D

10. 部屋の電気がつけているところを見ると誰か来ているようだ。
　　　　　　　A　　　　　B　　　C　　　　　D

Part6. EXERCISE 해석 및 해설

정답 B

01. 息子は母親よりも父親の私を 似ているとよく言われています。
　　　　　　　　　　　A　B　　　C　　　　　　D

・・・ ・息子 : 아들　　　・母親 : 어머니　　　・父親 : 아버지

*잘못된 '조사'를 찾는 문제

「似ている(닮다)」는 반드시 조사 「に」와 어울린다.

*그밖에 조사 「に」와 어울리는 동사

1) ~に 会う(~을 만나다)　　　　　2) ~に 乗る(~을 타다)

3) ~に 迷う(~을 헤매다)　　　　　4) ~に 住んでいる(~에[서] 살다)

5) ~に 代わる(~을 대신하다)　　　6) ~に 気付く(~을 깨닫다)

7) ~に 沿う(~을 따르다)

아들은 엄마보다도 아빠인 나를 닮았다는 말을 자주 듣습니다.

・B : を → に

정답 C

02. 高校に入ってから本を読むすぎて、急に目が悪くなってしまった。
　　　　A　　　　B　　　　C　　　　D

・・・ ・~てから : ~하고 나서　　　・急に : 갑자기

*「형용사・형용동사・동사」의 "활용문제"나 "조동사 연결형"은 단골메뉴이다.
　「동사의 ます형 + すぎる」의 형태로 "너무 ~하다"가 된다.

고등학교에 입학 후, 책을 너무 많이 읽어서 갑자기 눈이 나빠져 버렸다.

C : 読む → 読み

정답 D

03. 待ちに待った料理が運ばれて来ると、みんなおいしいそうに食べ始めた。
　　　　A　　　　　　　　B　　　　　C　　　　　D

・・・ ・待ちに待った : 기다리고 기다리던　　　・運ぶ : 운반하다

　　・동사의 ます형 + 始める : ~하기 시작하다

*「형용사+そうだ(양태 : ~인 것 같다)」의 경우, 형용사의 어미 "い"를 뺀, 어근에
　연결된다.

예) 高そうだ(비싼 것 같다) 高そうに(비싼 것 같이)
　　단, ない(없다) → なさそうだ(~없는[않은] 것 같다)
　　いい / よい(좋다) → よさそうだ(좋은 것 같다)

기다리고 기다리던 요리가 나오자, 모두들 맛있게 먹기 시작했다.
D : おいしい → おいし

04. 高校時代、日本語を教えてくださった先生は決して忘れられる。
　　　　A　　　　　B　　　　　　C　　　　　　　D
　정답 D

* 「긍정・부정」에 관한 문제.
　문맥상 어울리려면 「忘れられる(잊을 수 있다)」는 「忘れられない(잊을 수 없다)」
　로 고쳐야 한다.

고등학교 시절, 일본어를 가르쳐 주신 선생님은 결코 잊을 수 없다.
D : 忘れられる → 忘れられない

05. まっすぐ行くと右側に郵便局がありますから、あそこで切手を買ってください。
　　　　A　　B　　　　　　　　　　　C　　　　D
　정답 D

* 「잘못된 단어」를 찾는 문제

곧장 가면 오른편에 우체국이 있으니까, "거기"에서 우표를 사 주세요.
D : あそこ → そこ

06. 本日発売のチケットを買いに 行ったら、入口から多い人がずらっと並んでいた。
　　　　　　　　　　　　A　　　　B　　　　　　C　　　　D
　정답 C

・・・ ・本日 : 오늘　　・入口 : 입구　　・ずらっと : 여럿이 늘어선 모양(죽)
　　・並ぶ : 늘어서다. 병행하다

* 형용사 「多い」「近い」「遠い」는 어미 'い'가 'く'로 바뀌면서 "명사"가 된다.

　예) 多くの人(많은 사람)
　　近くにある(근처에 있다)
　　遠くに見える(멀리 보이다)

금일 발매 티켓을 사러 갔더니, 입구에서부터 많은 사람들이 죽 늘어서 있었다.
C : 多い→多くの

07. 海外旅行をするため、3年前から こつこつとお金を集めている。
　　　　　　　　　　　　　A　　　B　　　C　　　　D
　정답 D

・〜ため : 〜위해서. 〜때문에　　　・こつこつ(と) : 꾸준히 노력하는 모양

・集める : 모으다. 집중시키다

* 「일본식 표현」에 관한 문제

　「集める(모으다)」는 "(취미로서의) 수집"과 "집합"의 의미가 강하므로, "저축"을 뜻하는 동사 「貯める(모으다)」를 써야 한다.

해외여행을 하기 위해서 3년 전부터 열심히 돈을 모으고 있다.
D : 集めて → 貯めて

정답 B

08. 夕べはとても<u>疲れている</u>ので、運動<u>もせずに</u>すぐ<u>寝て</u>しまった。
　　　　　　A　　　　　　B　　　　　　　C　　　　　　D

・・・　・夕べ : 어젯밤　　　・〜せずに : 〜하지 않고(=〜しないで)

* 「시제」에 관한 문제
　'피곤했던 어젯밤'은 「과거」가 되어야 문맥상 어울린다.

어젯밤에는 너무 피곤해서, 운동도 하지 않고 바로 자버렸다.
B : いる → いた

정답 D

09. まもなく電車が<u>まいります</u>。<u>危ない</u>ですから、黄色い線の<u>内側</u>に<u>お下がって</u>
　　　　　　　　　A　　　　　　B　　　　　　　　C　　　　　D
ください。

・・・　・まもなく : 이윽고. 머지 않아　　　・危ない : 위험하다　　　・下がる : 물러나다

* 존경어 공식 「お + 동사의 ます형 + ください」
　파트7 연습문제 20번 해설 참조.

이제 곧 전철이 들어옵니다. 위험하오니 노란선 안쪽으로 물러서 주십시오.
D : お下がって　→　お下がり

정답 A

10. 部屋の電気が<u>つけている</u><u>ところ</u>を<u>見る</u>と誰か来ている<u>ようだ</u>。
　　　　　　　　A　　　　　　B　　　　C　　　　　　　D

* 「자・타동사」에 관한 문제

방 불이 켜져 있는 것을 보면, 누군가 와 있는 것 같다.
A : つけて　→　ついて

Japanese Proficiency Test

PART7

공란 메우기

총 30문항이다. 불완전한 문장을 문장의 전후관계를 정확하게 파악하여 완전한 문장으로 완성시키는 파트로, 문법·어휘·관용어·의성어·의태어 등 하여튼 다양하고 폭 넓게 출제되는데, 모든 면에서 <일본어능력시험 2급>을 넘지 않는 평이한 수준이므로, 이 부분에서 최대한 시간을 단축하여 여유 있게 독해<파트8>를 할 수 있도록 한다.

엄청중요한
문형 / 문법

あ〜お

동사 과거형(た) + あげく(に)　～(한) 끝에, ～(한) 결과

　① 나쁜 결과가 많다.
　② 'さんざん'과 함께 쓰이는 일이 많다.

예) あれこれ考えたあげく、結局会社をやめることにした。

　　(이것저것 생각한 끝에 결국 회사를 그만두기로 했다)

명사 + の + あまり / 동사 + あまり　～(한) 나머지

예) 緊張のあまり、彼女は泣いてしまった。

　　(긴장한 나머지 그녀는 울어 버렸다)

いくら ～ても(でも)　아무리 ～해도(＝どんなに ～ても[でも])

예) いくら稼いでも家すら買えない。(아무리 벌어도 집조차 살 수 없다)

변화를 나타내는 동사 + 一方だ　오로지 ～하다

예) 物価の上昇のために、家計は苦しくなる一方だ。

　　(물가 상승 때문에 가계는 어려워져만 간다)

＊ 그밖에 좀 더 기초적인 의미로「一方(한편으로는)」가 있다.

예) 会社に勤める一方で、作家として本を書いている。

　　(회사에 근무하는 한편, 작가로서 책을 쓰고 있다)

 ~(한) 데다

예) 私の家は駅から近い**うえに**、静かだ。

　　(나의 집은 역에서 가까운 데다 조용하다)

동사 과거형(た) + 上で　~한 후에, ~한 다음에

예) よく話し合った**上で**、決めなければならない。

　　(충분히 의논한 다음에 결정해야 한다)

~うちに / ~ないうちに　~하는 동안에, ~하지 않는 동안에

예) 若い**うちに**お金を稼ぎたい。(젊을 때 돈을 벌고 싶다)

　　雨が降ら**ないうちに**家に帰りましょう。

　　(비가 내리지 않는 동안에 집에 돌아갑시다)

동사 ます형 + 得る　~할 수 있다(부정: ~ 得ない)

예) あり**得ない**事件が起きてしまった。

　　(있을 수 없는 사건이 일어나고 말았다)

~おかげ　~덕분(에)

예) 先生の**おかげ**で、初めての試験もうまくいった。

　　(선생님 덕분에 처음 보는 시험도 잘 치렀다)
　　* うまく いく : '일'이나 '인간관계' 등이 잘 진행되다

か~こ

동사 ます형 + かけの　~하다 만
동사 ます형 + かける　막 ~하려 하다

예) テーブルの上に食べ**かけの**ケーキが置いてある。

　　(테이블 위에 먹다 만 케이크가 놓여 있다)

동사 ます형 + かねない　~않는다고 할 수 없다, ~할지도 모른다

예) 重い病気にかかって死にかねない。(중병에 걸려서 죽을지도 모른다)

동사 ます형 + かねる   ～하기 어렵다, ～할 수 없다

예) こんな無理なプロジェクトには賛成しかねる。

(이런 무리한 프로젝트에는 찬성할 수 없다)

～からといって   ～라고 해서(부정어를 동반한다)

예) 就職したからといって幸せだとは限らない

(취직했다고 해서 행복하다고는 할 수 없다)

*～とは限らない ‘～라고는 한정할 수 없다’ 즉, 「～라고 할 수 없다」

동사 기본형 + からに   ～만 해도, ～하자마자

예) 見るからに強そうだ。(보기만 해도 강한 것 같다)

동사 과거형(た) + からには   ～한 이상에는(＝ ～以上は, ～上は)

예) 一度決めたからには、やるしかない。(한 번 정한 이상, 할 수밖에 없다)

～きらいがある   ～하는 경향이 있다(주로 나쁜 경향)

예) 社長は慎重すぎて、決断が遅れるきらいがある。

(사장님은 너무 신중해서 결단이 늦는 경향이 있다)

～きり   ～한 채, ～한 것이 마지막이다, ～뿐

예) 彼女とは3年前に会ったきりだ。

(그녀와는 3년 전에 만났을 뿐이다[그 후로 만난 적 없다])

その時、二人きりで旅行をした。(그 때, 둘이서만 여행을 했다)

동사 ます형 + きる   완전히(다) ～하다
동사 ます형 + きれない   완전히(다) ～할 수 없다

예) 親は子供を信じきっている。(부모는 자식을 완전히[100%] 믿고 있다)

一人では食べきれないぐらいの料理が出された。

(혼자서는 다 먹을 수 없을 정도의 요리가 나왔다)

~きわまりない　~하기 짝이 없다

예) 無礼きわまりない。(무례하기 짝이 없다)

~くせに　~주제에

예) 何も知らないくせに、知っているふりをする。

(아무것도 모르는 주제에 알고 있는 척을 하다)

＊~ふりをする : ~인 척을 하다

동사 ます형 + 心地　~하는 기분

예) この新しい靴、きつくて履き心地が悪い。

(이 새 구두, 꽉 끼어서 신은 기분이 안 좋다)

~ことだから　~이라(서), ~이니

예) 泣き虫の山田さんのことだから、今ごろふとんをかぶって

泣いているだろう。

(울보인 야마다 씨이니, 지금쯤 이불을 뒤집어쓰고 울고 있을 것이다)

~ことに　~하게도

예) 驚いたことに、崔先生はキムチが食べられないそうだ。

(놀랍게도 최 선생님은 김치를 먹을 수 없다고 한다)

~ことになっている　~하기로 되어 있다(규범이나 법 등에 따라)

예) 構内では禁煙することになっている。(구내에서는 금연하게 되어 있다)

~ことにしている　~하기로 하다(말하는 사람의 결정이나 결심)

예) 夕ご飯はなるべく家で食べることにしている。

(저녁밥은 가능한 한 집에서 먹는 것으로 하고 있다)

さ〜そ

～最中に　한창 ～일 때

예) 試合の最中にトイレに行きたくなった。

（한창 경기 중에 화장실에 가고 싶어졌다）

～さえ ～ば　～만 ～면

예) お金さえあれば、わたしの人生も変わるだろう。

（돈만 있으면 내 인생도 바뀔 것이다）

～させていただく　'～하겠다'는 뜻의 매우 정중한 표현.

예) 今月いっぱいで会社をやめさせていただきます。

（이번 달까지만 일하고 회사를 그만 두겠습니다）

동사 ない형 + ざるを得ない　～하지 않을 수 없다, ～해야 한다

예) 誰も行く人がいなければ、私が行かざるを得ない。

（아무도 가는 사람이 없다면, 내가 가야 한다）

勉強せざるを得ない。

（공부하지 않을 수 없다）

＊「する(하다)」→「～せざるを得ない(～하지 않을 수 없다)」

～しか ない　～밖에 없다

예) 海外旅行のため、お金を貯めるしかない。

（해외여행을 위해 돈을 모을 수밖에 없다）

동사 ます형 + 次第　～하는 대로

명사 + 次第　～하기 나름이다, ～에 따라

예) 空港に着き次第、すぐ電話してください。

（공항에 도착하는 대로 바로 전화해 주십시오）

成功するかどうかは、あなたの努力次第だ。

(성공할지 여부는 당신이 노력하기 나름이다)

예) さんざん考えた末に、離婚することにした。

   (생각다 못해, 이혼하기로 했다)

예) 夕べは飲みすぎた。 (어젯밤엔 너무 마셨다)

   おいしすぎる。 (너무 맛있다)

   幸せすぎる。 (너무 행복하다)

예) 忘年会では、お酒を飲まずにはいられない。

   (망년회에서는 술을 마시지 않을 수 없다)

   *「する」→「せずには いられない」

예) 失敗を人のせいにしては困る。

   (실패를 남의 탓으로 해서는 곤란하다)

   ↔ ～そうにない, ～そうもない, ～そうにもない : ～것 같지 않다

예) 頼めば話してくれそうだ。 (부탁하면 이야기해 줄 것 같다)

   いくら頼んでも話してくれそうにない。

   (아무리 부탁해도 이야기해 줄 것 같지 않다)

た～と

예) 10年間アメリカに住んでいただけに、彼の英語はすばらしい。

(10년 동안 미국에 산만큼 그의 영어는 훌륭하다)

彼は人の顔をすぐ覚える。元刑事だけのことはある。

(그는 사람의 얼굴을 금새 기억한다. 前형사다운 면이 있다)

동사 ます형 + だす(はじめる)　～하기 시작하다

예) いきなり雨が降りだした。(갑자기 비가 내리기 시작했다)

동사 ます형 + たて　막 ～함, ～한지 얼마 아니 됨

예) 焼きたてのパンはおいしい。(갓 구운 빵은 맛있다)

たとえ ～ても(でも)　설령(가령) ～라도

예) たとえ彼女が行くとしても私は行かない。

(설령 그녀가 간다고 해도 나는 안 간다)

～たび(に)　～할 때마다

예) あの歌を聞くたびに、昔のことを思い出す。

(그 노래를 들을 때마다 옛날 일이 생각난다)

ついでに　～하는 김에

예) 外出したついでに買い物をした。(외출한 김에 쇼핑을 했다)

～っけ　～였지? (회상이나 기억이 어렴풋할 때)

예) 結婚式はいつだっけ。(결혼식은 언제였지?)

동사 ます형 + っこない　～할 리가 없다

예) 彼が本当のことなんか言いっこない。(그가 사실 따윌 말할 리 없다)

동사 ます형 + つつ　～하면서(＝ ～ながら)

예) 笑ってはいけないと思いつつ、つい笑ってしまった。

(웃어서는 안 된다고 생각하면서 그만 웃고 말았다)

동사 ます형 + つつある　계속 ~하다(= ~つづける)

예) 営業課は業績を伸ばしつつある。

（영업과는 [영업] 실적을 계속 신장시키고 있다）

~っぽい　~끼가 많은, 자주 ~하기 쉬운

예) 油っぽい(기름기가 많다)　水っぽい(싱겁다)　色っぽい(섹시하다)

타동사 + ~て ある　~되어 있다(누군가가 해 놓은 "상태"를 강조!)

예) ドアが開けてある。　(문이 열려있다)

*자동사 + ~て いる : ~되어 있다("상태" 그 자체를 강조!)

예) ドアが開いている。　(문이 열려있다)

~て 以来　~한 이래(이후)

예) 5年前に偶然会って以来、ずっと会っていない。

（5년 전에 우연히 만난 이래로 줄곧 만나지 못했다）

~て からというもの　~하고 나서「~て から」를 강조한 형태

예) 大学に落ちてからというもの、ずっと元気がない。

（대학에 떨어지고 나서, 줄곧 기운이 없다）

~て しょうがない / ~て たまらない　~해서 견딜(참을) 수 없다

예) 新しいデジカメがほしくて しょうがない。

（새 디지털 카메라가 갖고 싶어 견딜 수 없다）

동사 의지형 + ではないか(じゃないか)　~이 아닌가!(예상외의 놀라움)
/ ~하지 않을래?(상대방의 동의를 구함)

예) 独身だと思っていた彼に、子供までいるではないか。

（독신이라고 생각했던 그에게 아이까지 있는 게 아닌가!）

今日は大いに飲もうではないか。

(오늘은 실컷 마시지 않을래? [마셔 보자!])

~と いえども　(비록) ~라 할지라도

예) 社長といえども許されない。(사장이라도 용서할 수 없다)

　*「~と いえども」가 나오면 왠지 낯설고 어렵게 느껴지지만,「~と
　いっても(~라고 해도)」정도라고 생각해 두면 오래 잊혀지지 않는다.

동사 기본형 + ところ　막 ~할 참이다
동사 진행형 + ところ　막 ~하고 있는 중이다
동사 과거형 + ところ　막 ~한 참이다

예) 食べるところです。 (먹으려던 참입니다)

　　食べているところです。 (먹고 있는 중입니다)

　　食べたところです。 (막 먹은 참입니다)

동사 과거형(た) + ところ　~한 결과, ~한 바(= ~たら)

예) 全国の農民に呼びかけたところ、多くの人が協力してくれた。

　(전국의 농민에게 호소했더니, 많은 사람들이 협조해 주었다)

~どころか　~은커녕

예) 景気はよくなるどころか、さらに悪化してきた。

　(경기는 좋아지기는커녕 더욱 악화되었다)

동사 과거형(た) + ところで　~해봤자(어차피 안 된다고 포기하는 표현)

예) 月給が上がったところで物価の上昇には追いつかない。

　(월급이 올라봤자 물가 상승에는 못 따라간다)

~ところではない　~할 처지가 아니다

예) 締め切りに追われて、旅行どころではない。

　(마감에 쫓겨서 여행 갈 처지가 아니다)

～ところに／～ところへ／～ところを　～하는 참에, ～하는 것을

예) お風呂に入ろうとしているところへ、夫から電話がかかってきた。

　　(목욕을 하려는 참에 남편한테서 전화가 걸려 왔다)

　　泥棒が窓から逃げようとしているところを見つけて、警察に連絡した。

　　(도둑이 창문으로 도망가려는 것을 발견하고 경찰에 연락했다)

동사 과거형(た) ＋ とたん(に)　～하자마자(＝동사원형 ＋ やいなや)

예) ドアを開けたとたん、雨が吹き込んできた。

　　(문을 열자마자, 비가 들이닥쳤다)

～と ともに　～와 함께

예) 試験を明日に控えて、友だちとともに一生懸命に勉強した。

　　(시험을 내일로 앞두고 친구와 함께 열심히 공부했다)

～とは いえ　그렇다 하더라도, 그렇지만

예) 貧乏とはいえ、十分幸せだ。(가난하다지만, 충분히 행복하다)

　　＊ 역시「～と いっても(～라고 해도)」정도로 생각해 둔다.

な～の

동사 기본형 ＋ な　～하지 마라! (강한 부정명령)

예) 乗るなら飲むな! (운전할 거라면 마시지 마라!)

동사 ます형 ＋ 直す　다시 ～하다

예) 一からやり直したい。(처음부터 다시 [시작]하고 싶다)

～なくて　～않아서(앞 문장의 원인을 나타내는 경우)

예) ここ数年、体重が減らなくて、好きな服が着られません。

　　(최근 몇 년간, 체중이 줄지 않아서 좋아하는 옷을 입을 수가 없습니다)

＊「ないで / ずに(〜않고)」는 뒷 문장의 상황을 설명할 때 쓰인다.

예) ご飯を食べないで(ずに)学校に行った。(밥을 먹지 않고 학교에 갔다)

〜なくてはならない　〜않으면 안 된다, 없어서는 안 된다

예) なくてはならない物。(없어서는 안 될 물건)

明日の会議に行かなくてはならない。

(내일 회의에 가지 않으면 안 된다)

〜など / 〜なんか / 〜なんて　〜등, 〜따위, 〜라니

＊동사 뒤에 「〜なんか」는 사용할 수 없다!

예) カバンの中にノートや鉛筆や消しゴムなどがある。

(가방 속에 노트와 연필과 지우개 등이 있다)

あなたの顔なんか一生見たくない。

(당신의 얼굴 따위 평생 보고 싶지 않다)

〜ならでは　〜이 아니고는

예) この店ならではの味だ。

(이 가게만의 맛이다[이 가게가 아니고서는 만들 수 없는 맛이다])

〜に あたって　〜에 즈음하여, 〜일 때(＝〜に あたり, 〜に 際して)

예) 新しく店を開くにあたって、お金が必要になった。

(새로이 가게를 오픈할 즈음해 돈이 필요해졌다)

〜に おいて　〜에서, 〜에 있어서

예) 2002年6月ソウルにおいてワールドカップが開催された。

(2002년 6월 서울에서 월드컵이 개최되었다)

〜に 応じて　〜에 따라

예) 必要に応じて社員を募集する。(필요에 따라 사원을 모집하다)

～に(も) かかわらず　～에도 불구하고

예) 雨天にかかわらず、競技は行われた。(우천에 관계없이 경기는 치러졌다)

～に かけては　～에 관한 한

예) 日本語にかけては、彼の右に出る者はいない。

　　(일본어에 관한 한 그를 능가할 사람은 없다)

～に かわって　～을 대신해(＝～に かわり)

예) 入院した社長にかわって私が迎えに行った。

　　(입원한 사장을 대신해 내가 마중 나갔다)

～に きまっている　～할 것임에 틀림없다

예) 遊んでばかりいるので、大学受験に失敗するにきまっている。

　　(놀고만 있기 때문에 대학시험[합격]에 실패할 게 틀림없다)

～に 加えて　～와 함께, ～와 더불어

예) 円高に加えて、会社の倒産が相次いだ。

　　(엔고와 함께 회사의 도산이 이어졌다)

～に こたえて　～에 부응하여

예) 両親の期待にこたえて、見事試験に合格した。

　　(부모님의 기대에 부응해 훌륭하게도 시험에 합격했다)

～に したがって　～(함)에 따라(＝～に つれて)

예) 年を取るにしたがって、忘れがちになる。

　　(나이를 먹음에 따라 곧잘 잊는다)

　＊ 동사ます형 ＋ がち : ～하기 쉽다, ～하기 십상이다

～に したら　～입장에서 보면(＝～に すれば)

예) あなたの気持ちも分かりますが、相手の身にしたら、我慢できなかった

でしょう。

(당신의 마음도 알겠습니다만, 상대방 입장에서 보면 참을 수 없었겠죠)

～に しては　～치고는

예) 日本語の先生にしては日本語が下手だ。

(일본어 선생치고는 일본어가 서툴다)

～に しろ　～이든(＝～に せよ)

예) 男にしろ女にしろ、昔の恋人を思い出す。

(남자든 여자든 옛 연인을 생각한다)

～に すぎない　～에 지나지 않다

예) 彼女は恋人じゃない。ただの女友だちにすぎない。

(그녀는 애인이 아니다. 그냥 여자 친구에 지나지 않는다)

～に 沿って　～을 따라

예) 道に沿って歩く。(길을 따라 걷다)

～に ついて　～에 대해서

예) 彼は日本の歴史についてくわしい。

(그는 일본 역사에 대해 정통하다)

～に とって　～에게 있어서

예) 私にとって、ソウル大学は無理だ。

(나에게 있어 서울대학교는 무리이다)

～に(は) 及ばない　～할 필요는 없다

＊「及ぶ(미치다)」의 부정형인 「及ばない」는 본래 "못 당하다", "못 미치다"의 뜻.

예) そんなことで謝るには及ばない。(그런 일로 사과할 것까지는 없다)

～に 反して　～와는 달리, ～에 반대해

예) 専門家の予想に反して、阪神が優勝した。

（전문가의 예상과 달리 한신이 우승했다）

～に ほかならない　～에 틀림없다, 바로 ～이다

（＝～に 違いない, ～に 相違ない）

예) 彼の成功は努力の結果にほかならない。

（그의 성공은 바로 노력의 결과이다）

～に 基づいて　～에 근거하여(＝～を もとにして)

예) この映画は現実の事件に基づいて作られた。

（이 영화는 현실 사건에 근거하여 만들어졌다）

～に よって　～에 따라, ～에 의해

예) 地域によって、まだこの習慣が残っている所がある。

（지역에 따라 아직 이 습관이 남아 있는 곳이 있다）

人一倍の努力によって、生き残った。

（남보다 갑절의 노력에 의해 살아남았다）

～ぬきで(は) / ぬきに(は) / ～を ぬきにして

　～을 빼고(는), ～을 제쳐놓고

예) 今回の企画会議は部長ぬきでやりましょう。

（이번 기획 회의는 부장을 빼고 합시다）

冗談をぬきにしてまじめに話し合いましょう。

（농담 빼고 진지하게 이야기합시다）

동사 ます형 ＋ ぬく　완전히 ～하다

예) 不自由な体で見事に42.195キロメートルを走りぬいた。

（불편한 몸으로 훌륭하게 42.195킬로미터를 완주했다）

～のみならず　～뿐만 아니라

예) 靴のみならず靴下まで濡れた。(구두뿐만 아니라, 양말까지 젖었다)

は～ほ

～は おろか　～은 고사하고

　＊「愚か」는 본래 "어리석다"는 의미.

예) その子は書くことはおろか読むことさえできない。

　　(그 아이는 쓰는 것은 고사하고 읽는 것조차 할 수 없다)

명사 / ～て ＋ ばかり　～하고만 있다(어떤 특정한 일을 계속하는 것)

예) 遊んでばかりいると、母に叱られるよ。

　　(놀기만 하면 엄마에게 야단맞아)

　＊「ばかり」자체는 좀 더 기초적인 의미로 "～만, ～정도(ほど, ぐらい)"
　　와 같은 뜻이 있다.

예) 一万円ばかり貸していただけませんか。(만 엔만 빌려 주시겠습니까?)

～ばかりか　～뿐만 아니라(＝ ～ばかりでなく)

예) 先生は日本語ばかりか英語も自由に使いこなす。

　　(선생님은 일본어뿐만 아니라 영어도 자유자재로 구사한다)

동사 과거형(た) ＋ ばかり / ばかりの　막 ～하다, ～한지 얼마 안 된

예) ご飯を食べたばかりだ。(밥을 막 먹은 참이다)

　　買ったばかりの時計を無くしてしまった。

　　(산 지 얼마 안 된 시계를 잃어 버렸다)

동사의 ない형 ＋ ん(ぬ) ＋ ばかり　(금방이라도) ～할 듯하다,
　　　　　　　　　　　　　　　　　　　　　　　(아주) ～한 듯하다

예) 頭が床につかんばかりにお辞儀をした。

　　(머리가 바닥에 닿을 듯이 인사[절]을 했다)

동사 과거형(た) / 형용사 ＋ ばかりに　～해서, ～한 탓으로,
　　　　　　　　　　　　　　　　　　　　～한 만큼(원인이나 이유)

예) 文句を言ったばかりに左遷された。

　　(불평을 했다는 이유로 좌천되었다)

～は ともあれ　～은 어찌 되었든(＝とにかく, ともかく)

예) 結果はともあれ、試験が終わってうれしい。

　　(결과는 어찌 되었든 시험이 끝나서 기쁘다)

～ば ～ほど　～하면 ～할수록

예) 考えれば考えるほど、腹が立つ。(생각하면 생각할수록 화가 난다)

～は もちろん / ～は もとより　～은 물론

예) 国が違うと、言葉はもちろん考え方も違う。

　　(나라가 다르면 언어는 물론 사고방식도 다르다)

동사의 기본형 ＋ べき　～하는 것이 마땅하다, ～해야 한다
　　　　　　　　　　↔　～べきではない(～해서는 안 된다)

예) 学生はまず勉強すべきだ。(학생은 우선 공부해야 한다)

　　あなたができないことを人に押しつけるべきではない。

　　(당신이 할 수 없는 일을 남에게 강요해서는 안 된다)
　　＊「する」는「するべき / すべき」양 쪽 다 가능!

ま～も

～まい　～지 않겠다(부정의지), ～지 않을 것이다(부정추량)
　　　(1그룹동사는 '기본형'에, 2그룹동사는 'ない형', 3그룹동사는 '기본
　　　형이나 ない형'에 접속)

예) あんなまずい店には、二度と行くまいと決心した。

　　(그런 맛없는 가게에는 두 번 다시 가지 않겠다고 결심했다)

うちの子に限って、そんな嘘はつくまい。

(우리 애만큼은 그런 거짓말은 하지 않을 것이다)

＊～に限って : ～에 한해

～まで　～까지(보통 '지속적인 동작'을 나타낸다)

예) 何時まで食べてるの? (몇 시까지 먹는 거냐?)

＊～までに : ～까지[～안에]('완료'를 나타낸다)

예) 7時までに食べてね! (7시까지 다 먹어라!)

동사 과거형(た) ＋ まま　～한 채로

예) 窓を開けたまま、出かけた。(창문을 연 채로 외출했다)

～向きだ / ～向きに / ～向きの / ～向けだ / ～向けに / ～向けの

～용, ～용의, ～에게 딱 어울리는

예) 舞台では子ども向けのショーをやっている。

(무대에서는 어린이用 쇼를 하고 있다)

～もの(もん)　～(한) 걸

예) だって、おいしくないもん。(하지만, 맛이 없는 걸)

～ものか(もんか)　～겠는가? (절대 아니다)

예) あんなヤツと付き合うものか。(그런 녀석과 사귀겠는가?)

동사/형용사 기본형＋ものだ　～인 것, ～인 법, ～해야 한다('당연'의 뜻)

예) 年を取ると足が弱くなるものだ。

(나이를 들면 다리가 약해지기 마련이다)

동사 과거형(た)＋ものだ　～곤 했다, ～했었다(과거의 습관이나 회상)

예) 子供の時は家の近くの川でよく泳いだものだ。

(어릴 적에는 집 근처 강에서 자주 헤엄치곤 했었다)

동사 과거형(た) + ものの   ~지만(＝~けれど, ~けれども)

예) 大学は出たものの、仕事先が見つからない。

　　(대학은 나왔지만, 직장을 잡을 수 없다)

その他

동사 ます형 + ようがない/ようもない   ~할 수 없다(방법이 없어 불
　　　　가능)

예) 答えようがない。(대답할 방법이 없다)

　　それはどうしようもないことだ。(그것은 어쩔 수도 없는 일이다)

~よりしかたがない   ~밖에(~외에는) 방법이 없다(＝~よりほかに
　　　　ない)

예) バスもタクシーもない所だから歩いて行くよりしかたがない。

　　(버스도 택시도 없는 곳이므로 걸어서 갈 수밖에 방법이 없다)

~わけがない   ~(할) 리가 없다(＝~はずがない)

예) うちの子がそんなことするわけがない。

　　(우리 아이가 그런 일을 할 리가 없다)

~わけが分からない   전혀 모르겠다

예) 何が何だかわけがわからない。(뭐가 뭔지 영문을 모르겠다)

~わけではない(~わけでもない)   ~하는 것은 아니다(~하는 것도
　　　　아니다)

예) 野菜はきらいだが、食べないわけではない。

　　(야채는 싫어하지만, 먹지 않는 것은 아니다)

동사 기본형 + わけにはいかない   ~할 수는 없다

예) 誕生日パーティーに1人で行くわけにはいかない。

(생일파티에 혼자서 갈 수는 없다)

~わりに(は)　~에 비해(서는)

예) この店のお菓子は安いわりにおいしい。

(이 가게의 과자는 싼 데 비해 맛있다)

~を きっかけに　~을 계기로(= ~を 契機に)

예) 結婚をきっかけに東京を離れることにした。

(결혼을 계기로 동경을 떠나기로 했다)

~を 通じて　~내내, ~을 통해(= ~を 通して)

예) 一年を通じて穏やかな気候。(1년 내내 온화한 기후)

　　木村さんを通じて、山田さんが就職したことを知った。

(키무라 씨를 통해 야마다 씨가 취직했다는 사실을 알았다)

~を 問わず　~을 불문하고

예) 男女を問わず、だれでも参加できる。

(남녀를 불문하고 누구라도 참가할 수 있다)

~を はじめ　~을 비롯해

예) 学生時代はサッカーをはじめ、いろいろな運動をやった。

(학창시절엔 축구를 비롯해 여러 가지 운동을 했다)

~を めぐって　~을 둘러싸고

예) あの島をめぐって、さまざまな意見が新聞紙上を賑わせた。

(그 섬을 둘러싸고 다양한 의견이 신문지상을 떠들썩하게 했다)

Ⅶ. 下の______線に入る適当な言葉を一つ選んでください。

01. 風邪______明日会社を休むかもしれない。

    (A) で　　　　　　　　(B) に
    (C) から　　　　　　　(D) ので

02. この状況で、頼れる人はあなた______いない。

    (A) だけ　　　　　　　(B) しか
    (C) さえ　　　　　　　(D) ばかり

03. 田原選手はこの試合______もって引退するそうだ。

    (A) へ　　　　　　　　(B) に
    (C) と　　　　　　　　(D) を

04. 近くまで来た時は、______連絡してください。

    (A) よく　　　　　　　(B) もうすぐ
    (C) ぜひ　　　　　　　(D) きっと

05. 最高級の材料を使った。______できた料理はあまりおいしくなかった。

    (A) すると　　　　　　(B) けれども
    (C) だから　　　　　　(D) そして

06. 何度も断っているのに、デートを申し込むとは______ヤツだ。

    (A) かしこい　　　　　(B) はげしい
    (C) こまかい　　　　　(D) しつこい

07. ______しないで、好きなだけ食べてください。

(A) ごちそう   (B) しんぱい
(C) えんりょ   (D) じゃま

08. 「______の上にも三年」と言うから、チャンスが来るまで我慢しなさい。

(A) 岩   (B) 石
(C) 山   (D) 砂

09. 16年も使っていて______だが、私には大切な辞書である。

(A) ぼろぼろ   (B) うろうろ
(C) ごろごろ   (D) ぐずぐず

10. 山田さんは態度______信頼できそうにない。

(A) からには   (B) うえでは
(C) からして   (D) うえには

11. お腹の調子が悪くて、朝ご飯を食べ______家を出てきた。

(A) ない   (B) ずに
(C) まい   (D) ぬき

12. 旅行______、温泉が頭に浮かぶ。

(A) からこそ   (B) からといって
(C) からいえば   (D) というと

13. 国際結婚を勧められているんだけど、______________。

(A) 気が付かない   (B) 気が済まない
(C) 気が進まない   (D) 気が置けない

14. 冷たい飲み物を飲みすぎたせいで、お腹を______しまった。

(A) くずれて   (B) やぶれて
(C) つぶれて   (D) こわして

15. 交通事故を起こしてから、もう二度とハンドルを握る______と思った。

(A) はず   (B) のみ
(C) まい   (D) もの

16. 今日は休みの日だから、遊園地は込んでいる______だ。

(A) はず   (B) ところ
(C) もの   (D) ばかり

17. 電話がかかってきた時、私はちょうど起きた______だった。

(A) わけ   (B) こと
(C) ところ   (D) だけ

18. 大学に落ちた理由をいろいろ言っているが、それは全部言い訳に______。

(A) かぎらない   (B) ほかならない
(C) ともなわない   (D) かかわらない

19. まだ掃除が終わってないから、部屋に______ダメだ。

(A) 入って   (B) 入った
(C) 入っちゃ   (D) 入るは

20. もしよろしければ、私が________________。

(A) お手伝いします   (B) ご手伝いします
(C) お手伝いになります   (D) ご手伝いになります

Part7. EXERCISE 해석 및 해설

정답 A **01.** 風邪で明日会社を休むかもしれない。
    (A) で   (B) に
    (C) から   (D) ので

···· ・～かもしれない : ～ㄹ지도 모른다.

* "원인, 이유"의 조사「で」→ "파트4 부록(중요 조사)" 참조!

감기 때문에 내일 회사를 쉴지도 모른다.

정답 B **02.** この状況で、頼れる人はあなたしかいない。
    (A) だけ   (B) しか
    (C) さえ   (D) ばかり

···· ・頼る : 의지하다, 기대다   ・～しか : ～밖에 (반드시 뒤에 부정어를 수반한다)

이 상황에서 의지할 수 있는 사람은 당신밖에 없다.

정답 D **03.** 田原選手はこの試合をもって引退するそうだ。
    (A) へ   (B) に
    (C) と   (D) を

···· ・～をもって : ～로써, ～으로, ～의 이유로   ・引退(する) : 은퇴(하다)

타와라 선수는 이 시합으로써 은퇴한다고 한다.

정답 C **04.** 近くまで来た時は、ぜひ連絡してください。
    (A) よく   (B) もうすぐ
    (C) ぜひ   (D) きっと

···· ・ぜひ : 반드시, 꼭 (「～たい/ ～ほしい/ ～ください」 등과 어울린다)

근처까지 왔을 때는 반드시 연락해 주세요.

정답 B **05.** 最高級の材料を使った。けれどもできた料理はあまりおいしくなかった。
    (A) すると   (B) けれども
    (C) だから   (D) そして

···· ・けれども : 하지만, 그러나   ・すると : 그러자   ・だから : 그래서, 그러니까

최고급 재료를 사용했다. 하지만, 완성된 요리는 그다지 맛이 없었다.

06. 何度も断っているのに、デートを申し込むとはしつこいヤツだ。　　　　
(A) かしこい　　　　　(B) はげしい
(C) こまかい　　　　　(D) しつこい

••• ・申し込む : 신청하다　　・~とは : ~다니, ~라니
　　・しつこい : 끈질기다, (맛, 색깔 등이) 짙다　　・賢い : 현명하다, 영리하다
　　・激しい : 심하다, 세차다　　・細かい : 잘잘하다, 자세하다

몇 번이고 거절했는데, 데이트를 신청하다니 끈질긴 녀석이다.

07. えんりょしないで、好きなだけ食べてください。　　　　
(A) ごちそう　　　　　(B) しんぱい
(C) えんりょ　　　　　(D) じゃま

••• ・遠慮(する) : 사양(하다)　　・ご馳走 : 대접, 진수성찬　　・邪魔(する) : 방해(하다)

사양 말고, 마음껏 드세요.

08. 「石の上にも三年」と言うから、チャンスが来るまで我慢しなさい。　　　　
(A) 岩　　　　　(B) 石
(C) 山　　　　　(D) 砂

••• ・石の上にも三年 : 돌 위에도 3년(참고 견디면 복이 온다)
　　・我慢(する) : 참음(참다)　　・岩 : 바위　　・砂 : 모래

'돌 위에도 3년'이라고 하니까, 기회가 올 때까지 참으세요.

09. 16年も使っていてぼろぼろだが、私には大切な辞書である。　　　　
(A) ぼろぼろ　　　　　(B) うろうろ
(C) ごろごろ　　　　　(D) ぐずぐず

••• ・ぼろぼろ : 물건, 천 등이 형편없이 해진 모양(너덜너덜)
　　・うろうろ : 우왕좌왕하는 모양, 허둥지둥(= うろつく)
　　・ごろごろ : 데굴데굴(큰 물건이 천천히 굴러가는 모양)
　　・ぐずぐず : 행동이 느려 시간이 걸리는 모습(꾸물꾸물)
　　* "파트6 부록(중요 의성어/의태어)" 참조!

16년이나 사용하고 있어 너덜너덜하지만, 나에게는 소중한 사전이다.

정답 **C**

10. 山田さんは態度<u>からして</u>信頼できそうにない。

(A) からには　　　　(B) うえでは
(C) からして　　　　(D) うえには

・〜からして : 〜로 보아, 〜부터가(가장 기본적인 예를 들어, 다른 것을 암시!)
・信頼(する) : 신뢰(하다)　・〜そうにない : 〜것 같지 않다 ↔ そうだ(〜것 같다[양태])
・〜からには : 〜한 이상에는(=〜以上は, 〜上は)

야마다 씨는 태도부터가 신뢰할 수 있을 것 같지 않다.

정답 **B**

11. お腹の調子が悪くて、朝ご飯を食べ<u>ずに</u>家を出てきた。

(A) ない　　　　　(B) ずに
(C) まい　　　　　(D) ぬき

・調子が悪い : 상태(컨디션)가 나쁘다.

* 〜ないで / 〜ずに : 〜않고 (뒷문장의 상황을 설명할 때)
　注) 〜なくて : 〜않아서 (앞 문장이 원인을 나타내는 경우)
　　　体重が減らなくて、好きな服が着られない。
　　　(체중이 줄지 않아서 좋아하는 옷을 입을 수가 없다)

속이 좋지 않아서, 아침밥을 먹지 않고 집을 나왔다.

정답 **D**

12. 旅行<u>というと</u>、温泉が頭に浮かぶ。

(A) からこそ　　　　(B) からといって
(C) からいえば　　　(D) というと

・〜からこそ : 〜から(〜때문에)의 강조.
・〜からといって : 〜라고 해서(뒤에 부정어가 온다)
・〜からいえば : 〜의 面에서 생각하면
*「AというとB(= AといえばB)」는 "A하면, 바로 B가 떠오른다"

여행이라고 하면, 온천이 머리에 떠오른다.

정답 **C**

13. 国際結婚を勧められているんだけど、<u>気が進まない</u>。

(A) 気が付かない　　(B) 気が済まない
(C) 気が進まない　　(D) 気が置けない

・勧める : 권유하다　・気が進まない : 마음이 내키지 않다

・気が付かない : 알아차리지 못하다   ・気が済まない : 마음이 놓이지 않다

・気が置けない : 마음이 쓰이지 않다

국제결혼을 권유받고 있는데, 마음이 내키지 않는다.

14. 冷たい飲み物を飲みすぎたせいで、お腹を<u>こわして</u>しまった。　　　　　정답 **D**

(A) くずれて　　　　　　(B) やぶれて

(C) つぶれて　　　　　　(D) こわして

・・・・壊す : 파괴하다, 부수다 → お腹を壊す(배탈이 나다)

　　・崩れる : 무너지다　　・破れる : 찢어지다　　・潰れる : 찌부러지다

차가운 음료를 너무 많이 마신 탓에, 배탈이 나 버렸다.

15. 交通事故を起こしてから、もう二度とハンドルを握る<u>まい</u>と思った。　　정답 **C**

(A) はず　　　　　　　(B) のみ

(C) まい　　　　　　　(D) もの

・・・・二度と : 두 번 다시　　・握る : 잡다, 쥐다

* まい : ～지 않겠다(부정의지), ～지 않을 것이다(부정추량)

　　　　5단동사(1그룹동사)는 '기본형'에, 1단동사(2그룹동사)는 'ない형',

　　　　불규칙동사(3그룹동사)는 '기본형이나 ない형'에 접속.

교통사고를 일으키고 나서, 두 번 다시 핸들을 잡지 않겠다고 생각했다.

16. 今日は休みの日だから、遊園地は込んでいる<u>はず</u>だ。　　　　　　　　정답 **A**

(A) はず　　　　　　　(B) ところ

(C) もの　　　　　　　(D) ばかり

・・・・～はず : ～일 것(당연한 예상)　↔　～ないはず(～않을 것)

오늘은 휴일이라서, 유원지는 붐비고 있을 것이다.

17. 電話がかかってきた時、私はちょうど起きた<u>ところ</u>だった。　　　　　정답 **C**

(A) わけ　　　　　　　(B) こと

(C) ところ　　　　　　(D) だけ

* 「ところ」에 대한 자세한 내용은 "파트7 부록(중요 문형/문법)" 참조!

전화가 걸려왔을 때, 나는 마침 막 일어난 참이었다.

정답 B

18. 大学_{だいがく}に落_おちた理由_{りゆう}をいろいろ言_いっているが、それは全部言_{ぜんぶい}い訳_{わけ}にほかならない。

(A) かぎらない　　　(B) ほかならない
(C) ともなわない　　(D) かかわらない

・・・・言_いい訳_{わけ} : 핑계, 변명

　・〜に ほかならない : 〜에 틀림없다, 바로 〜이다(＝〜に 違_{ちが}いない, 〜に 相違_{そうい}ない)

대학에 떨어진 이유에 대해 여러 말을 하고 있지만, 그것은 전부 핑계임에 틀림없다.

정답 C

19. まだ掃除_{そうじ}が終_おわってないから、部屋_{へや}に入_{はい}っちゃダメだ。

(A) 入_{はい}って　　　(B) 入_{はい}った
(C) 入_{はい}っちゃ　　(D) 入_{はい}るは

・・・・〜ちゃ : 〜해서는 (「〜ては」의 회화체 표현)

아직 청소가 끝나지 않았으니까, 방에 들어와서는 안 된다.

정답 A

20. もしよろしければ、私_{わたし}がお手伝_{てつだ}いします。

(A) お手伝_{てつだ}いします　　　　　(B) ご手伝_{てつだ}いします
(C) お手伝_{てつだ}いになります　　　(D) ご手伝_{てつだ}いになります

* 겸양어 만드는 공식
　お(ご) + 동사의 ます형(한자어) + する / します
　お(ご) + 동사의 ます형(한자어) + いたす / いたします

* 존경어 만드는 공식
　お(ご) + 동사 ます형(한자어) + になる / になります : 〜하시다
　お(ご) + 동사 ます형(한자어) + ください : 〜하세요
　お + 동사 ます형 + です : 〜하시다

* 다음의 『특별 겸양어 / 특별 존경어』까지 하여튼 반드시 외우도록 한다!!

기본어	존경어	겸양어
行_いく (가다)	いらっしゃる / おいでになる (가시다)	まいる / あがる
来_くる (오다)	いらっしゃる/おいでになる/ おこしになる (오시다)	まいる
いる (있다)	いらっしゃる / おいでになる (계시다)	おる
食_たべる (먹다)	召_めし上_あがる / あがる (드시다)	いただく
飲_のむ (마시다)		

기본어	존경어	겸양어
言う (말하다)	おっしゃる (말씀하시다)	申す / 申し上げる
見る (보다)	ご覧になる (보시다)	拝見する
する (하다)	なさる (하시다)	いたす
あげる (주다)	さしあげる (드리다)	
くれる (주다)	くださる (주시다)	
もらう (받다)		いただく
知る(알다)/ 思う(생각하다)	ご存じだ (알고 계시다/생각하시다)	存ずる / 存じあげる
会う (만나다)		お目にかかる
聞く/訪ねる/訪問する		うかがう

혹시 괜찮으시면, 제가 도와드리겠습니다.

Japanese Proficiency Test

PART8
독해

총 30문항으로, 일반적인 장문독해 뿐 아니라, 광고나 포스터, 편지(비즈니스/안부), 뉴스, 기사, 각종 안내문 등 일상생활과 관련 있는 각종 정보와 여러 분야에 걸친 화제를 빨리 그리고 정확하게 파악해서 답해야 하는 파트로, 표면적인 이해력보다는 속독과 전체 내용을 파악하는 능력이 요구된다.

특별히 어려운 단어는 없는 편이며, 마지막 1~2개의 지문을 제외하면 대부분의 중급과정 학습자가 풀 수 있는 수준의 문제들로 구성되어 있다.

이 파트에서는 먼저 문제를 보고 지문을 읽는 순서를 택하는 것이 요령이며, 20분 이상 소요되지 않도록 시간배분에 각별히 신경을 써야 한다.

엄청중요한

형용사 / 연어 外

あ～お

呆気ない : 어이없다, 맥없다

➡ 試合に呆気なく負けた。 (시합에 어이없이 졌다)

あどけない : 천진난만하다

➡ チェ先生はあどけない顔をしている。

  (최 선생님은 천진난만한 얼굴을 하고 있다)

ありふれた : 흔하다, 어디에나 있다

➡ チェ先生はありふれた顔ではない。

  (최 선생님은 흔한 얼굴이 아니다)

いい加減 : 적당함, 알맞음

➡ いい加減にしなさい。 (적당히 해라)

言うまでもない : 말할 필요도 없다

➡ 合格はいうまでもない。 (합격은 물론이다)

厳めしい : 위엄이 있다, 위압감을 주다

➡ 父親は厳めしい顔付きで、子供を叱っている。

(아버지는 위엄 있는 얼굴로 아이를 꾸짖고 있다)

息苦しい : 숨이 막히다

➡ 息苦しい雰囲気から抜け出した。(숨막히는 분위기에서 빠져나왔다)

いけない : ① 나쁘다, 딱하다　② 안 된다

➡ それはいけない。(그것은 나쁘다)
　 悪口を言ってはいけない。 (욕을 해서는 안 된다)

意地悪い : 심술궂다, 짓궂다 (意地悪 : 심술궂음)

➡ 彼は意地悪く人の弱みを突いた。(그는 심술궂게 남의 약점을 찔렀다)

至るところ : 가는 곳마다

➡ 至るところ大変な人混みだ。(가는 곳마다 대단한 인파다)

著しい : 두드러지다, 현저하다

➡ これから人口は著しく減るだろう。

　 (앞으로 인구는 현저하게 감소할 것이다)

今のところ : 지금 단계(에서는)

➡ 今のところではだめだ。(지금 단계로서는 안 된다)

浮かぬ(浮かない)顔 : 우울한 얼굴

➡ 浮かぬ顔をしている。(우울한 얼굴을 하고 있다)

うさんくさい : 어쩐지 수상하다

➡ うさんくさい人がさっきから店の中を覗いている。

　 (수상쩍은 사람이 아까부터 가게 안을 들여다보고 있다)

後ろめたい : 떳떳하지 못하다, 뒤가 켕기다

→ しかたなく嘘をついたけど、後ろめたい。

(어쩔 수 없이 거짓말을 했지만, 꺼림칙하다)

おそれ : 우려

→ 大地震が来たら、津波のおそれがある。

(대지진이 닥치면 해일의 우려가 있다)

思いきって : 결심하고, 마음껏

→ 思いきって留学することにした。 (과감히 유학 가기로 했다)

か〜こ

堅苦しい : 너무 엄격하다, 딱딱하다

→ 堅苦しい挨拶はやめましょう。 (딱딱한 인사는 그만둡시다)

かっこ(う)いい : 멋지다(↔ かっこ(う)悪い[꼴불견이다])

→ かっこいい男の人が私に話しかけた。

(멋진 남자가 나에게 말을 걸었다)

気軽い / 気軽 : 선뜻선뜻 처신하는 모양, 소탈함

→ 分からないことがあったら、気軽に聞いてください。

(모르는 것이 있으면 어려워말고 물어봐 주세요)

気の毒 : 가엾음, (폐를 끼쳐) 미안스러움

→ お気の毒に子供の時、両親に死なれたそうだ。

(가엾게도 어릴 적에 부모님을 잃었다고 한다)

きまり(が) 悪い : 쑥스럽다, 거북하다

➡ ちょうどお金がなくて、きまりが悪い思いをした。

（때마침 돈이 없어서 창피했다）

気持ち(が) いい : 기분이 좋다 (↔ 気持ち(が) 悪い[기분이 나쁘다])

➡ 今日はさわやかで気持ちがいい。（오늘은 상쾌해서 기분이 좋다）

くだらない : 하찮다, 시시하다

➡ 彼はくだらないことばかり言う。（그는 시시한 말만 한다）

くどくどしい : 번거롭다, 장황하다

➡ 今さらくどくどしく弁解しても無駄だ。

（이제 와서 장황하게 변명해도 소용없다）

けち : 인색함, 또는 그런 사람, 초라함

➡ けちな男は嫌われる。（인색한 남자는 미움을 받는다）

心細い : (어쩐지) 불안하다, 허전하다

➡ 夜道を一人で歩くのは心細い。

（밤길을 혼자 걷는 것은 왠지 불안하다）

この上ない : 더할 나위 없다, 최고이다

➡ この上ない名誉 （더할 나위 없는 명예）

これほど : 이정도, 이렇게까지(정도가 지나칠 경우)

➡ これほどのバカとは知らなかった。

（이렇게까지 바보인 줄은 몰랐다）

これまで : ① 지금까지, 이렇게 하기(되기)까지　　② 이만

➡ これまでの失敗は許してやる。(지금까지의 실패는 용서해 주겠다)

今日はこれまで。(오늘은 이만)

さ〜そ

さりげない : 아무렇지도 않은 듯하다

➡ さりげなくその場をごまかした。

(아무렇지도 않게 그 자리를 어물어물 넘겼다)

しつこい : 끈질기다, (빛깔, 맛 등이) 짙다

➡ 今度の風邪はしつこくてなかなか治らない。

(이번 감기는 지독해서 좀처럼 낫지 않는다)

ずうずうしい : 뻔뻔스럽다

➡ ずうずうしい男も嫌われる。(뻔뻔한 남자도 미움을 받는다)

せっかく : 모처럼, 애써

➡ せっかく練習したのに大会に出られなくなった。

(기껏 연습했는데 대회에 나갈 수 없게 되었다)

せっかち : 성급함, 또는 그런 사람

➡ 彼は生まれつきせっかちな人だ。

(그는 천성적으로 성급한 사람이다)

騒々しい : 시끄럽다

➡ 回りが騒々しくて集中できない。

(주위가 시끄러워서 집중할 수 없다)

それとなく : 넌지시, 살며시
➡ それとなく知らせる。(넌지시 알려주다)

それなり : 그 나름대로
➡ 日本の映画もそれなりにおもしろい。
　(일본 영화도 나름대로 재밌다)

それは : 단순히 "그것은" 이외에 「감동할 때의 표현(정말로, 참말로)」
　으로도 쓰인다.
➡ それはそれは。(그것 참 정말로)

た〜と

どうにもならない : 어찌 할 도리가 없다
➡ 今さら後悔してもどうにもならない。
　(이제 와서 후회해도 어쩔 도리가 없다)

ともすると : 자칫하면, 걸핏하면
➡ 一人暮らしの食生活はともすると栄養が偏りがちだ。
　(독신자의 식생활은 자칫하면 영양이 한쪽으로 치우치기 십상이다)
　女房はともすると泣く。
　(아내는 걸핏하면 운다)

とんでもない : 터무니없다, 당치도 않다, 뜻밖이다
➡ とんでもないことが起きた。(터무니없는 일이 일어났다)

な〜の

なにもかも : 모두, 무엇이든
➡ なにもかも忘れたい。(모두 잊고 싶다)

なんだか : 왜 그런지, 뭔지

➡ なんだかさびしい。　(왠지 쓸쓸하다)

何がなんだか分からない。　(뭐가 뭔지 모르겠다)

なんとか : 어떻게든, 간신히

➡ なんとかやってみます。(어떻게든 해 보겠습니다)

なんとかできた。　(간신히 되었다)

なんとなく : 어쩐지, 왠일인지, 무심코

➡ なんとなくラーメンが食べたくなった。

(왠일인지 라면이 먹고 싶어졌다)

ま〜も

またとない : 다시없다, 둘도 없다

➡ またとないチャンスを逃した。(다시없는 기회를 놓쳤다)

まったく : ① 전혀, 완전히

② 정말로(맞장구치는 표현으로 자주 사용된다)

➡ 中国語がまったくわからない。(중국어를 전혀 모른다)

まったくその通りだ。(정말이지 그렇다)

まもなく : 이윽고, 머지않아

➡ まもなく2番ホームに電車がまいります。

(이제 곧 2번 홈에 전철이 도착합니다)

みっともない : 보기 흉하다, 꼴불견이다

➡ 人の前でようじをくわえるのはみっともない。

(사람들 앞에서 이쑤시개를 입에 물고 있는 것은 보기 흉하다)

面倒くさい : 몹시 귀찮다
➡ 毎日食事を作るのが面倒くさい。 (매일 식사를 만드는 것이 귀찮다)

もの足りない : 어딘가 부족하다
➡ 説明にものたりない点がある。 (설명에 어딘가 부족한 점이 있다)

その他

やむを得ない : 할 수 없다, 부득이하다
➡ やむを得ない事情があって会社をやめた。

　　(부득이한 사정이 있어서 회사를 그만뒀다)

Ⅷ. 次の文章を読んで、あとの問いにもっとも適当な答えを一つ選んでください。

ダンスの創作の基本となるソロおよびデュオの作品に焦点をあて、若手振付家の①<u>発掘</u>と活動の奨励を図るプログラム。日本全国はもとより韓国からの応募も含め、全71作品の中から選ばれた8組の若手振付家が作品を発表。優秀な振付家には横浜市とフランス大使館から賞が授与されます。

---

01. この本文は何についてですか。

（A）優秀なダンサーのオーディションについて
（B）新しいダンスの作品について
（C）優秀なダンスの先生の作品について
（D）ダンスの作品の発表会について

02. ①<u>発掘</u>の正しい読み方は何ですか。

（A）ほっくり
（B）ほっくつ
（C）はっきり
（D）はっくつ

03. 本文の内容と一致するのは何ですか。

（A）応募の対象は国内に限定している。
（B）若いダンサーを援助するためのプログラムだ。
（C）韓国からも応募があった。
（D）フランス大使館で行われる。

横浜・八景島シーパラダイスでは、お身体の不自由なお客さまにも快適にお過ごしいただくために、①**あらゆる**サービスを行っております。また、②**万が一**に備え、救護センターも常設しております。「プレジャーランド」にはお身体が不自由な方にもご利用いただける乗りものもあり、海の映像館「アクアシアター」には、専用席が2席設けられていますのでお気軽にお越しいただけます。また、「ホテルシーパラダイスイン」も宿泊対応しておりますので、八景島でのひとときをゆっくりお過ごしください。

04. ①あらゆると置き換えられる言葉はどれですか。

（A）限定された
（B）特別の
（C）多くの
（D）すべての

05. ②万が一の正しい読み方は何ですか。

（A）まんがいつ
（B）まんがひとつ
（C）まんがいち
（D）まんがいる

06. 本文の内容と違うのはどれですか。

（A）ケガや病気の場合に治療してくれる施設がある。
（B）アクアシアターには身体の不自由な人のための専用席がある。
（C）身体の不自由な人はプレジャーランドでは利用できるものがない。
（D）身体の不自由な人もホテルに泊まることができる。

北海道で全国４人目となる女性知事が誕生しました。政治の場で女性が直接発言することは、（　①　）暮らし②<u>やすい</u>社会を作るためには必要なこと。こうした思いを持つ市民団体などが女性候補を積極的に支援したことも、今回の女性躍進の一因になりました。③<u>とはいえ</u>、今回の全当選議員に占める女性の割合は約６％に過ぎません。島根、福井のように県議会の女性議員がゼロになった県もあります。

07. （①）に入る最も適当なものはどれですか。

    (A) 誰でも

    (B) 誰も

    (C) 誰もが

    (D) 誰とでも

08. ②<u>やすい</u>と同じ用法で使われているのはどれですか。

    (A) 荷物を運ぶくらい、おやすいご用だ。

    (B) あなたの説明はわかりやすかった。

    (C) ここの衣料品はやすい。

    (D) 親切のやすうり。

09. ③<u>とはいえ</u>と言い換えられないのは何ですか。

    (A) であるとは言えども

    (B) そうは言っても

    (C) そうとは言ったとしても

    (D) であると言えたら

10. 本文の内容と一致するのはどれですか。

    (A) 女性躍進の一因には女性中心の市民団体などが支援した。

    (B) 女性議員を全体から見ると多いとは言えない。

    (C) 政治の場で女性が直接発言すると暮しやすい社会がつくれる。

    (D) 女性議員がいない県もまだまだ多くある。

Part8. EXERCISE 해석 및 해설

> ダンスの創作の基本となるソロおよびデュオの作品に焦点をあて、若手振付家の①発掘と活動の奨励を図るプログラム。日本全国はもとより韓国からの応募も含め、全71作品の中から選ばれた8組の若手振付家が作品を発表。優秀な振付家には横浜市とフランス大使館から賞が授与されます。

‥‥‥ ・創作 : 창작(한자읽기 주의!)   ・焦点をあてる : 초점을 맞추다

・図る : 생각하다, 꾀하다

※「はかる」는 문맥에 따라 다음과 같이 다양하다

・謀る : 꾀하다. 꾸미다   ・諮る : 상의하다

・測る : (길이 등을) 재다   ・計る : (시간 등을) 재다   ・量る : (무게 등을) 재다

・〜はもとより : 〜은 물론(＝ 〜はもちろん)   ・含める : 포함하다

댄스 창작의 기본이 되는 솔로 및 듀오의 작품에 초점을 두고, 젊은 안무가의 발굴과 활동의 장려를 도모하는 프로그램. 일본전국은 물론 한국에서의 응모도 포함하여, 총71작품 중에서 선발된 8조의 젊은 안무가들이 작품을 발표. 우수한 안무가에게는 요코하마市와 프랑스 대사관으로부터 상이 수여됩니다.

01. 이 본문은 무엇에 대해서입니까?   정답 **C**

(A) 우수한 댄서의 오디션에 대해서

(B) 새로운 댄스 작품에 대해서

(C) 우수한 댄스 선생의 작품에 대해서

(D) 댄스 작품 발표회에 대해서

02. ① 発掘(발굴)을 바르게 읽은 것은 무엇입니까?   정답 **D**

(A) ほっくり

(B) ほっくつ

(C) はっきり

(D) はっくつ

03. 본문 내용과 일치하는 것은 무엇입니까?   정답 **C**

(A) 응모 대상은 (일본)국내에 한정하고 있다.

（B）젊은 댄서를 원조하기 위한 프로그램이다.

（C）한국에서도 응모가 있었다.

（D）프랑스 대사관에서 행해진다.

横浜・八景島シーパラダイスでは、お身体の不自由なお客さまにも快適にお過ごしいただくために、①あらゆるサービスを行っております。また、②万が一に備え、救護センターも常設しております。「プレジャーランド」にはお身体が不自由な方にもご利用いただける乗りものもあり、海の映像館「アクアシアター」には、専用席が2席設けられていますのでお気軽にお越しいただけます。また、「ホテルシーパラダイスイン」も宿泊対応しておりますので、八景島でのひとときをゆっくりお過ごしください。

••• ・備える : 대비하다, 갖추다   ・気軽に : 선뜻, 마음 편히

・越す : 넘다, 앞지르다, 이사하다(「お越し」의 형태로 行く[가다], 来る[오다]의 높임말)

요코하마・핫케이지마 파라다이스에서는 몸이 불편한 손님께서도 쾌적하게 지내실 수 있도록 모든 서비스를 해 드리고 있습니다. 또한, 만일의 경우를 대비하여 구호센터도 상설해놓고 있습니다. '플레저 랜드'에는 몸이 불편한 분들도 이용하실 수 있는 탈것도 있고, 바다 영상관 '아쿠아 시어터'에는 전용석이 2석 마련되어 있사오니, 마음 편히 와 주십시오. 또한, '호텔 씨 파라다이스인'도 숙박하실 수 있도록 대처하고 있사오니, 핫케이지마에서의 한때를 마음 편히 지내십시오.

정답 D 04. ①あらゆる(온갖)와 바꾸어놓을 수 있는 말은 어느 것입니까?

（A）限定された(한정된)

（B）特別の(특별한)

（C）多くの(많은)

（D）すべての(모든)

정답 C 05. ②万が一를 바르게 읽은 것은 무엇입니까?

（A）まんがいつ

（B）まんがひとつ

（C）まんがいち
（D）まんがいる

06. 본문의 내용과 다른 것은 어느 것입니까?

（A）상처나 병이 났을 경우에 치료해 주는 시설이 있다.

（B）아쿠아 시어터에는 몸이 불편한 사람을 위한 전용석이 있다.

（C）몸이 불편한 사람은 플레저 랜드에서는 이용할 수 있는 것이 없다.

（D）몸이 불편한 사람도 호텔에 묵을 수가 있다.

北海道で全国4人目となる女性知事が誕生しました。政治の場で女性が直接発言することは、（　①　）暮らし②やすい社会を作るためには必要なこと。こうした思いを持つ市民団体などが女性候補を積極的に支援したことも、今回の女性躍進の一因になりました。③とはいえ、今回の全当選議員に占める女性の割合は約6％に過ぎません。島根、福井のように県議会の女性議員がゼロになった県もあります。

・・・ ・政治 : 정치(한자읽기 주의!)　　・躍進 : 눈부시게 진출함　　・一因 : 하나의 원인

・～とはいえ : 그렇다 하더라도. 그렇지만

・占める : 차지하다　　・割合 : 비율　　・～に過ぎない : ~에 지나지 않다

홋카이도에서 전국 4명 째가 되는 여성 지사가 탄생하였습니다. 정치의 場에서 여성이 직접 발언하는 것은 누구나가 살기 좋은 사회를 만들기 위해서는 필요한 것. 이러한 생각을 가진 시민단체 등이 여성 후보를 적극적으로 지원한 것도 이번 여성 약진의 한 가지 원인이 되었습니다. 그렇지만, 이번에 당선된 모든 의원 중에 여성이 차지하는 비율은 약 6%에 지나지 않습니다. '시마네', '후쿠이'처럼 縣(현) 의회 여성 의원이 한명도 없는 縣도 있습니다.

07. (①)에 들어갈 가장 적당한 것은 어느 것입니까?

（A）누구라도

（B）누구도

（C）누구나가

（D）누구와라도

 08. ②<u>やすい</u>(~하기 쉽다)와 같은 용법으로 사용되고 있는 것은 어느 것입니까?

(A) 짐을 나르는 정도는 간단한 일이다.

(B) 당신의 설명은 알기 쉬웠다.

(C) 여기 의료품은 값이 싸다.

(D) 값싼 친절을 베풂.

 09. ③<u>とはいえ</u>와 바꿀 수 없는 것은 무엇입니까?

(A) ~라고는 하지만...

(B) 그렇게는 말해도

(C) 그렇다고는 말했다 해도

(D) ~라고 말할 수 있다면

 10. 본문의 내용과 일치하는 것은 어느 것입니까?

(A) 여성약진의 한 원인에는 여성중심의 시민단체 등이 지원했다.

(B) 여성의원은 전체로 본다면 많다고는 할 수 없다.

(C) 정치의 場에서 여성이 직접 발언하면, 살기 좋은 사회를 만들 수 있다.

(D) 여성의원이 없는 県도 아직은 많이 있다.

Japanese Proficiency Test

부록

실전모의고사

１．次の写真を見て、その内容にあっている表現を(A)から(D)の中で一つ選んで
　　ください。

例.

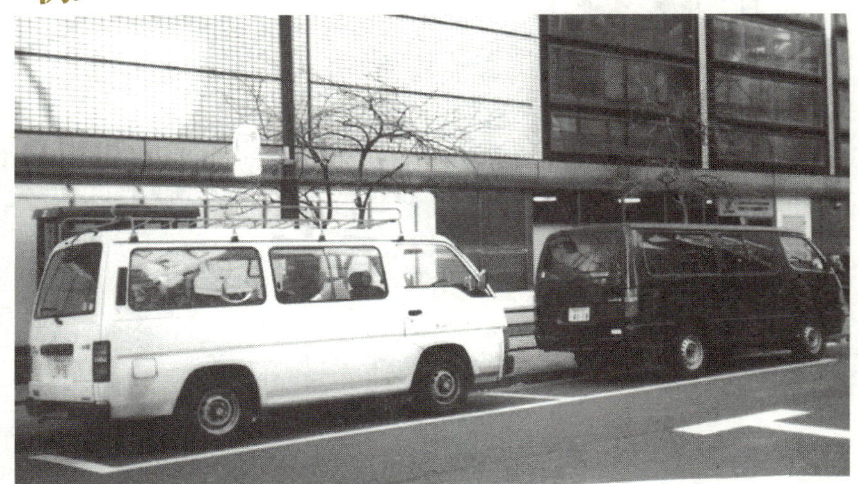

(A) 車が横一列に並んでいます。
(B) 車が縦一列に並んでいます。
(C) 車が歩道の上を走っています。
(D) 車が車道をふさいでいます。

(答) (A), (●), (C), (D)

01

02

03

04

05

06

07

08

09

10

11

12

吉野家の カレー丼

13

14

15

16

17

18

19

20

Ⅱ. 次の言葉の返事として、もっとも適した答えを一つ選んでください。

例. お元気ですか。

(A) いいえ、どういたしまして。
(B) ええ、もちろんです。
(C) ええ、少し元気です。
(D) ええ、おかげさまで。

(答) (A), (B), (C), (●)

21. 正しいものを一つ選んでください
22. 正しいものを一つ選んでください
23. 正しいものを一つ選んでください
24. 正しいものを一つ選んでください
25. 正しいものを一つ選んでください
26. 正しいものを一つ選んでください
27. 正しいものを一つ選んでください
28. 正しいものを一つ選んでください
29. 正しいものを一つ選んでください
30. 正しいものを一つ選んでください
31. 正しいものを一つ選んでください
32. 正しいものを一つ選んでください
33. 正しいものを一つ選んでください
34. 正しいものを一つ選んでください
35. 正しいものを一つ選んでください

36. 正しいものを一つ選んでください
37. 正しいものを一つ選んでください
38. 正しいものを一つ選んでください
39. 正しいものを一つ選んでください
40. 正しいものを一つ選んでください
41. 正しいものを一つ選んでください
42. 正しいものを一つ選んでください
43. 正しいものを一つ選んでください
44. 正しいものを一つ選んでください
45. 正しいものを一つ選んでください
46. 正しいものを一つ選んでください
47. 正しいものを一つ選んでください
48. 正しいものを一つ選んでください
49. 正しいものを一つ選んでください
50. 正しいものを一つ選んでください

Ⅲ．次の会話をよく聞いて、あとの問いにもっとも適した答えを一つ選んでください。

例. 男：失礼ですが、申さんは韓国人ですか。

女：はい。そうです。王さんも韓国人ですか。

男：いいえ、韓国人じゃありません。私は中国人です。

女：ああ、そうですか。失礼しました。

王さんはどこの国の方ですか。

（A）韓国

（B）韓国語

（C）中国

（D）日本語

（答）(A), (B), (●), (D)

51. 男の人がわからないことは何ですか。

(A) 勉強の要領

(B) 勉強の進度

(C) 勉強の方法

(D) 勉強の内容

52. 女の人はテストがどうだったと言っていますか。

(A) よく出来たと思っている。

(B) まあまあだと思っている。

(C) とても悪かったと思っている。

(D) 予想したとおりだと思っている。

53. 男の人はなぜ風邪が早くよくなりましたか。

（Ａ）　女の人からもらった薬を医者に聞いてから飲んだので

（Ｂ）　女の人からもらった薬は多くの人が飲んだと聞いていたので

（Ｃ）　女の人からもらった薬の効果があったので

（Ｄ）　女の人からもらった薬なので

54. 二人はドラマの主人公についてどう思っていますか。

（Ａ）　現代的だと言っている。

（Ｂ）　今いちばん人気があると言っている。

（Ｃ）　すばらしいと言っている。

（Ｄ）　そんなによくないと言っている。

55. 男の人は、

（Ａ）　お酒が飲みたい。

（Ｂ）　お酒を飲まない理由がある。

（Ｃ）　あまり飲みたくなくても飲まなくてはいけない。

（Ｄ）　お酒が飲めない。

56. 明日は、

（Ａ）　３月１日頃

（Ｂ）　３月２０日頃

（Ｃ）　９月１日頃

（Ｄ）　９月２３日頃

57. 男の人について正しいものを選びなさい。

（Ａ）　木村さんはできなかったけれど、自分にはできると思っていた。

（Ｂ）　木村さんができなかったので、自分にもできないと思っていた。

（Ｃ）　自分ができないので、木村さんもできないと思っていた。

（Ｄ）　自分ができるので、木村さんもできると思っていた。

58. 女の人は、

（Ａ）宝くじに当選するのは無理だと言っている。
（Ｂ）マイ・ホームに当選するのは無理だと言っている。
（Ｃ）宝くじに当選すればマイホームも夢じゃないかもしれないと言っている。
（Ｄ）宝くじに当選しなければマイ・ホームも夢じゃないと言っている。

59. 明日女の人は何をするでしょうか。

（Ａ）デートで遊園地へ行く。
（Ｂ）デートをするが、遊園地へは行かない。
（Ｃ）デートではなくプレゼンテーションをする。
（Ｄ）デートではなくプレゼンテーションの準備をする。

60. 男の人の意見に最も近いものを選びなさい。

（Ａ）すぐに壊れるので、新しいのを買ったほうがいいと言っている。
（Ｂ）また壊れたので、新しいのを買ったほうがいいと言っている。
（Ｃ）買い換える時期なので、新しいのを買ったほうがいいと言っている。
（Ｄ）社長が言ったので、新しいのを買ったほうがいいと言っている。

61. 男の人が一番気にしているのは何ですか。

（Ａ）社内での通話
（Ｂ）車内での携帯
（Ｃ）大声で話す
（Ｄ）音漏れ

62. 男の人は、

（Ａ）２軒目のお店でのことをよく覚えている。
（Ｂ）２軒目のお店でのことを何となく覚えている。
（Ｃ）２軒目のお店に行ったことはよく覚えている。
（Ｄ）２軒目のお店に行ったことは何となく覚えている。

63. 男の人は京子さんについてどう思っていますか。

（Ａ）関係ない
（Ｂ）大丈夫だ
（Ｃ）嫌いだ
（Ｄ）勝てない

64. 男の人が女の人にご馳走する理由は何ですか。

（Ａ）女の人が栄養不足なので
（Ｂ）女の人の気持ちが沈んでいるので
（Ｃ）女の人が泣いているので
（Ｄ）女の人が会社を辞めるので

65. 男の人は山田さんのことを何と言っていましたか。

（Ａ）山田さんは静かに勉強していた。
（Ｂ）山田さんはゆっくり勉強していた。
（Ｃ）山田さんは真面目に勉強していた。
（Ｄ）山田さんは要領よく勉強していた。

66. 女の人はいくら払いますか。

（Ａ）２０００円
（Ｂ）３０００円
（Ｃ）２５００円
（Ｄ）１５００円

67. 男の人の考えに近いものを選びなさい。

（Ａ）お金があるほうがいい。
（Ｂ）お金がなくてもいい。
（Ｃ）お金があれば何もいらない。
（Ｄ）お金が全てだ。

68. 木村さんは、

   （A）　悪い仲間から足を洗った。

   （B）　悪い仲間から手を洗った。

   （C）　悪い仲間から頭を洗った。

   （D）　悪い仲間から顔を洗った。

69. どこで歓迎会をしますか。

   （A）　いつもの所に決める。

   （B）　居酒屋に決める。

   （C）　どこかお洒落な所に決める。

   （D）　予算によって決める。

70. 女の人は、

   （A）　喜んでおごってもらう。

   （B）　悪いとは思いつつ男の人の好意を受ける。

   （C）　この間もおごってもらったから今回も当然おごってもらう。

   （D）　悪いので自分で払う。

71. 女の人は銀行で何をしますか。

   （A）　お金を預ける。

   （B）　お金を払う。

   （C）　お金を引き出す。

   （D）　お金を借りる。

72. 二人は最近の天気についてどう言っていますか。

   （A）　二人とも最近の天気についてよくわからない。

   （B）　二人とも最近の天気が予報と違うと言っている。

   （C）　最近はずっと天気が良いと言っている。

   （D）　最近はずっと天気が良くないと言っている。

73. 女の人が男の人と映画に行かない理由は何ですか。

（Ａ）明日デートの約束があるから

（Ｂ）入院している友達を励ましに行くから

（Ｃ）ほかの男の人と結婚するから

（Ｄ）両親と会うから

74. 深夜のタクシーは、

（Ａ）普通料金より１０％安い。

（Ｂ）普通料金より１０％高い。

（Ｃ）普通料金より２０％安い。

（Ｄ）普通料金より２０％高い。

75. 吉田さんは、

（Ａ）スノーボードで骨折して入院している。

（Ｂ）スノーボードがいやになっている。

（Ｃ）スノーボードばかりして仕事をしない。

（Ｄ）スノーボードに夢中になっている。

76. 男の人はなぜ困っていますか。

（Ａ）文句の電話があったから

（Ｂ）文句の電話がなかったから

（Ｃ）質問の電話がとても多いから

（Ｄ）質問の電話もないから

77. 男の人は、

（Ａ）顔が広い。

（Ｂ）顔が利く。

（Ｃ）顔が売れている。

（Ｄ）顔がいい。

78. 男の人は、

（A）報告書のまとめが終わりました。
（B）報告書のまとめが終わりそうにありません。
（C）報告書のまとめを時間に余裕をもって終わりそうです。
（D）報告書のまとめを時間ぎりぎりに終わりそうです。

79. 女の人はなぜ明日から早く来ようと思っていますか。

（A）電車の中がぎゅうぎゅうなので
（B）電車の中がぎりぎりなので
（C）電車の中がごちゃごちゃなので
（D）電車の中ががらがらなので

80. 男の人は何と言いましたか。

（A）どうぞ遠慮しないでください。
（B）どうぞお邪魔しないでください。
（C）どうぞ気にしないでください。
（D）どうぞ遠慮してください。

Ⅳ. 次の文章をよく聞いて、あとの問いにもっとも適した答えを一つ選んでください。

例. では各地の今日のお天気です。関東地方は朝は晴れるでしょう。
夕方からにわか雨が降るかもしれません。
関西地方は朝は曇りがちな天気となり午後からは曇りのち雨と
なるでしょう。

(1) 関東地方の朝の天気は。

    (A) 雨   (B) 曇り   (C) 晴れ   (D) にわか雨

(2) 関西地方の午後の天気は。

    (A) 曇り   (B) 曇りのち晴れ   (C) 曇り時々雨   (D) 曇りのち雨

(答) (1) (A), (B), (●), (D)
     (2) (A), (B), (C), (●)

81. 東京ドームの説明として正しくないものを選びなさい。

(A) １９８８年に誕生した。
(B) "こうらくえん"とも呼ばれている。
(C) 約５万５０００人が入れる。
(D) ビックエッグという別名もある。

82. 東京ドームは、

(A) 世界初のスタジアムだ。
(B) 日本初のスタジアムだ。
(C) 世界初のドーム球場だ。
(D) 日本初のドーム球場だ。

83. 写真をとる時のポーズで、女子の２番目に多い答えは、

(A) おかしな顔をする。
(B) 大声で笑う。
(C) 静かにスマイルする。
(D) 特にない。

84. おかしな顔をすると答えたのは、

(A) 男子の約３０％
(B) 女子の約３０％
(C) 男子の約４０％
(D) 女子の約４０％

85. デールとは何ですか。

(A) 女優の名前だ。
(B) カメラマンの名前だ。
(C) 取材記者の名前だ。
(D) パンダの名前だ。

86. 次の中からデールがしないことを選びなさい。

(A) インタビューに答える。
(B) カメラを見つめる。
(C) 言われた場所で振り返る。
(D) 芸をする。

87. ２年前に生まれた赤ちゃんの数は、

(A) 約１１７万人
(B) 約１１９万人
(C) 約１１５万人
(D) 約１１３万人

88. 平均1.33人という数は、

   (A) 日本の歴史上一番少ない。
   (B) 最近で一番少ない。
   (C) 1945年以降一番少ない。
   (D) 21世紀になって一番少ない。

89. プレゼントは、

   (A) 全員がもらえる。
   (B) 抽選で、一人分もらえる。
   (C) 抽選で、二人分もらえる。
   (D) 抽選で、全員分もらえる。

90. 抽選に参加したい人は、

   (A) 抽選券を持っていく。
   (B) 領収書を持っていく。
   (C) 二人で行かなければならない。
   (D) ただ抽選会場に行けばいい。

91. この時期、交通機関がこみあう理由として合わないものは、

   (A) 海外旅行をする人が多いから
   (B) 出張で海外へ行く人が多いから
   (C) 故郷へ行く人が多いから
   (D) たくさんの人が移動するから

92. 10日には、

   (A) 約５万人が海外へと出発した。
   (B) 約５万人が海外から帰国した。
   (C) 史上最高数の人が海外へと出発した。
   (D) 史上最高数の人が海外から帰国した。

93. 17, 18日ごろには、

(A) 日本から海外へ行く人の数がピークだとみられている。
(B) 日本から海外へ戻る人の数がピークだとみられている。
(C) 海外からふるさとへ行く人の数がピークだとみられている。
(D) ふるさとから家へ戻る人の数がピークだとみられている。

94. 犬が言うことを聞くためには、犬が名前を呼ばれたら、

(A) 主人を見る習慣をつけるといい。
(B) 主人の言うことを聞く習慣をつけるといい。
(C) トレーニングをするといい。
(D) 主人を覚えさせることから始めるといい。

95. トレーニングをする時は、

(A) 犬が好きな人がする。
(B) 犬の好きな本を使う。
(C) 犬の好きな食べ物を使う。
(D) 犬の好きなトレーニングをする。

96. 先生一人あたりの児童・生徒の数は、少ない国から順番で、

(A) 日本―アメリカ―中国
(B) アメリカ―日本―中国
(C) 中国―アメリカ―日本
(D) 日本―中国―アメリカ

97. 日本の進学率は、

(A) 高校も大学もトップ。
(B) 高校の進学率はトップ。
(C) 大学の進学率はトップ。
(D) 高校も大学もトップではない。

98. 2002年に仙台市の約1600世帯がどうしましたか。

    (A)　給食費を遅く払った。
    (B)　給食費を納めた。
    (C)　給食費を納めなかった。
    (D)　給食費を払いたくなかった。

99. 「給食費の滞納」の一番の理由として正しいものを選びなさい。

    (A)　生活に困っているから
    (B)　給食の質がよくないから
    (C)　払いたくないから
    (D)　給食がおいしくないのに払うのは不公平だから

100. 不公平感が強まりそうなのは、なぜですか。

    (A)　給食費を払わない人もおいしい給食を食べることになるから
    (B)　給食費を払った人もおいしくない給食を食べることになるから
    (C)　給食費を払わない人はおいしくない給食を食べることになるから
    (D)　給食費を払った人だけがおいしい給食を食べることになるから

Ⅴ．下の問題にもっとも適当な答えを(A)から(D)の中で一つ選んでください。

101. 差別のない<u>平等</u>な社会。

(A) へいどう
(B) びょうどう
(C) へいとう
(D) びょうとう

102. みんなの前で<u>正直</u>に話してください。

(A) せいじき
(B) せいちょく
(C) しょうじき
(D) しょうちょく

103. 男性の平均<u>寿命</u>もだんだん延びている。

(A) じゅめい
(B) じゅみょう
(C) すめい
(D) すみょう

104. <u>融通</u>のきかない人とパートナーになった。

(A) ゆうつう
(B) ゆつう
(C) ゆうずう
(D) ゆずう

105. 健康のためにできるだけタバコは<u>控えて</u>いる。

(A) ひかえて

(B) そなえて

(C) つかえて

(D) そろえて

106. 2002年は韓国サッカーの<u>黄金時代</u>だった。

(A) おうきんじだい

(B) おうごんじだい

(C) おうぎんしだい

(D) おごんじだい

107. わが社は毎年12月に人事<u>いどう</u>がある。

(A) 異同

(B) 移動

(C) 異動

(D) 医道

108. 彼の努力と実力にみんな<u>かんしん</u>した。

(A) 感心

(B) 関心

(C) 歓心

(D) 甘心

109. 最近<u>ぎょうぎ</u>の悪い子供が増えてきた。

(A) 行義

(B) 形義

(C) 行儀

(D) 形儀

110. 1年経ってやっと日本の生活に**なれた**。

(A) 成れた
(B) 容れた
(C) 練れた
(D) 慣れた

111. 父親は私にとって神のような**そんざい**である。

(A) 存依
(B) 依存
(C) 存在
(D) 在存

112. サラリーマンを**たいしょう**にしてアンケート調査をした。

(A) 対像
(B) 対象
(C) 大賞
(D) 対照

113. 新しい車を買いたいと言うと、母は**しぶい顔**をした。

(A) 彼は金持ちだが、寄付には**しぶかった**。
(B) 父はいつも**しぶい**ネクタイをしめる。
(C) この柿は食べられないほど**しぶい**。
(D) 何度も頼んだが、結局**しぶい**返事が返ってきた。

114. **彼女は2日おきに電話をかけてくる。**

(A) 昨日も今日も電話をもらう。
(B) 2日ごとに電話をもらう。
(C) 昨日の次の電話はあさってもらう。
(D) 1週間に4回ぐらい電話をもらう。

115. 領土問題で2国間の関係は<u>悪くなる一方だ</u>。

(A) どんどん悪くなる。

(B) 時々悪くなる。

(C) 悪くなる傾向がある。

(D) 悪くなったり、よくなったりする。

116. あの兄弟は<u>そっくり</u>ですね。

(A) 習っている。

(B) 頼っている。

(C) よく似ている。

(D) 打ち明けている。

117. 彼女に高価なものをあげたって、<u>猫に小判</u>ですよ。

(A) 仕方がない。

(B) きりがない。

(C) とんでもない。

(D) 値打ちがわからない。

118. あの家は<u>ちょうど</u>絵のようだ。

(A) <u>ちょうど</u>8時に家を出た。

(B) <u>ちょうど</u>よい時にいらっしゃいました。

(C) <u>ちょうど</u>電話しようと思っていたところです。

(D) <u>ちょうど</u>私に不満があるような言い方ですね。

119. 仕事がある<u>限り</u>、働き続けます。

(A) 強いチームが勝つとは<u>限り</u>ません。

(B) 今日<u>限り</u>でバイトをやめます。

(C) 成人に<u>限り</u>、入場を許可します。

(D) 合格まで、できる<u>限り</u>の努力をしよう。

120. お客様、プレゼントでしたら、こちら<u>なんか</u>いかがですか。

(A) あなたの顔<u>なんか</u>見たくない。

(B) 真夜中に<u>なんか</u>ラーメンが食べたくなった。

(C) あなたがいなければ、地位<u>なんか</u>要らない。

(D) 私は料理が得意で、天ぷら<u>なんか</u>すぐできちゃう。

VI. 下の＿＿＿線の中で正しくないものを一つ選んでください。

121. はじめて会った時から、<u>きれい</u>彼女が<u>好き</u>でした。
　　　　　A　　　　　　　　　　　　　B　　　C　　D

122. 試験を<u>見る</u>　<u>以上</u>、<u>何とかして</u>合格して<u>見せ</u>たい。
　　　　　　A　　　B　　　　C　　　　　　　　D

123. 窓側に<u>すわっている</u>、赤いワンピースを<u>着る</u>女の人が<u>うちの</u>社長です。
　　　　　　　　A　　　　　　　　　B　　　　　　C　　　　　　D

124. <u>いくら</u>せっぱ詰まっ<u>ても</u>友だちにお金を貸して<u>くれた</u>　<u>こと</u>はない。
　　　　　　A　　　　　　　　B　　　　　　　　　　C　　D

125. <u>遅いても</u>明日の12時<u>までに</u><u>レポート</u>を出す<u>ように</u>します。
　　　　　A　　　　　　B　　　　C　　　　　　　D

126. 山<u>で</u>登っている時、<u>突然</u>雨が<u>降ってきて</u>、<u>びっしょり</u>濡れた。
　　　　　A　　　　　　　　B　　　　C　　　　D

127. <u>お忙しい</u>ことを、<u>わざわざ</u>おいで<u>いただき</u>、<u>恐縮</u>でございます。
　　　　A　　　　　B　　　　　C　　　　　　D

128. 分からない<u>ところ</u>が<u>あったら</u>、先生に　<u>聞ける</u><u>ほう</u>がいいです。
　　　　　　　　　A　　　　B　　　　　　　C　　D

129. 今まで3<u>番</u>もタバコを<u>やめよう</u>としたが、<u>つい</u>手が<u>出て</u>しまう。
　　　　　　　A　　　　　　　B　　　　　　C　　D

130. 家の<u>近い</u>本屋で探してみたが、<u>私の</u>書いた本は<u>売っていなかった</u>。
　　　　　　A　　　　　　　　　　B　　C　　　　　　D

131. <u>前は</u> <u>確か</u>果物の中に<u>バナナが</u>一番好き<u>だった</u>が、今は違う。
　　　A　　B　　　　　　C　　　　　　　　D

132. <u>人の</u>いい木村さんは、友だちに何を<u>言われても</u><u>決して</u>怒り<u>ます</u>。
　　　A　　　　　　　　　　　　　　　　B　　　　C　　　D

133. 雑誌を<u>読み</u> <u>終わる</u>なら、<u>元の</u>ところに<u>置いて</u>おいてください。
　　　　　　A　　　B　　　C　　　　　　D

134. <u>今後</u>3年<u>で</u>失業者を1パーセント以下にする<u>なんて</u> <u>まさか</u>無理な話だ。
　　　A　　　B　　　　　　　　　　　　　　　　C　　　D

135. 朝から<u>何も</u>食べ<u>なくて</u>お腹が<u>すきます</u>。何か食べる<u>もの</u>ありませんか。
　　　　　A　　　B　　　C　　　　　　　　D

136. 先生の話<u>によって</u>、<u>今度の</u>試験はそんなに難しくない<u>そうで</u>安<u>心した</u>。
　　　　　　A　　　　B　　　　　　　　　　　　C　　　D

137. <u>ご話が</u><u>早くて</u>わかりませんから、<u>もう少し</u>ゆっくり話して<u>くださいませんか</u>。
　　　A　　B　　　　　　　　　　　C　　　　　　　　　D

138. <u>あまり</u> <u>心が</u>進まないから、明日の宴会には<u>出席</u>しない<u>つもり</u>です。
　　　A　　B　　　　　　　　　　　　　C　　　D

139. 家に<u>帰った</u>時、テーブルの<u>上に</u>は食べ<u>かけ</u>のケーキが<u>置いていた</u>。
　　　　　A　　　　　　　B　　　C　　　　　　　D

140. <u>可愛がって</u>いたネコに<u>死なれて</u>、彼女は<u>すっきり</u> 気を<u>落として</u>いる。
　　　A　　　　　　　　B　　　　　　C　　　　　D

VII. 下の＿＿線に入る適当な言葉を一つ選んでください。

141. さっきから変な匂い＿＿＿しますね。

(A) は
(B) を
(C) に
(D) が

142. すぐ戻って来ますから、こちらで お＿＿＿ください。

(A) 待たれ
(B) 待つの
(C) 待って
(D) 待ち

143. 映画は実際にあった事件を＿＿＿＿に 映し出している。

(A) ありのまま
(B) ありよう
(C) ありさま
(D) ありかた

144. 休暇が取れないと聞いて、＿＿＿＿旅行をあきらめた。

(A) じっくり
(B) あっさり
(C) うんざり
(D) さっぱり

145. 公園は花見をする人＿＿＿とても賑やかでした。

(A) に
(B) と
(C) で
(D) を

146. 何度も注意した＿＿＿、どうして言うことを聞かないの?

(A) ので
(B) から
(C) のに
(D) なら

147. そんな無理な計画を実行するとは、＿＿＿＿＿＿＿彼らしい。

(A) いかに   (B) いかにも

(C) まさか   (D) まさしく

148. 駅前のパン屋は＿＿＿＿＿＿＿おいしくない。

(A) ちょうど   (B) すっかり

(C) ちっとも   (D) くっきり

149. こんな難しいことが子供にわかる＿＿＿＿＿＿＿。

(A) わけではない   (B) わけがない

(C) わけだ   (D) わけがわからない

150. 母はアメリカに行った＿＿＿＿＿、電話もくれない。

(A) ばかり   (B) はず

(C) ところ   (D) きり

151. ホテルではお客様の要望に＿＿＿＿＿＿＿サービスをしなければならない。

(A) くわえて   (B) かぎって

(C) はんして   (D) おうじて

152. 手伝ってくれた人を裏切るなんて、あり＿＿＿＿＿＿。

(A) きりだ   (B) かねない

(C) えない   (D) える

153. 私の顔を見ると、子供たちが＿＿＿＿＿＿＿泣き出した。

(A) かわりに   (B) よけいに

(C) めったに   (D) いっせいに

154. 眠くて________時は、寝たほうがいい。

   (A) ちがいない   (B) しょうがない
   (C) とんでもない   (D) なんでもない

155. 父は出張に行く________、珍しいおみやげを買ってくる。

   (A) とおりに   (B) ように
   (C) たびに   (D) ともに

156. 財布には1万円札が________詰まっていた。

   (A) すっかり   (B) さっぱり
   (C) きっぱり   (D) ぎっしり

157. この靴は________は いいが、はき心地が悪い。

   (A) ジャンル   (B) デザイン
   (C) モデル   (D) ラベル

158. いくら________あなたがいれば心強い。

   (A) 忙しくても   (B) 忙しいのに
   (C) 忙しいので   (D) 忙しかったら

159. この町の人口は、昨年の10月_____で、約32万人です。

   (A) 現在   (B) 時期
   (C) 時間   (D) 今

160. ソウルは全国から人が集まりすぎて_____状態である。

   (A) 不潔   (B) 窮屈
   (C) 過密   (D) 密度

161. 公害をなくすために、技術協力する国々が増え________。

(A) つつある (B) がたい
(C) がちだ (D) ぎみだ

162. その子は書くこと________、読むこともできない。

(A) を とわず (B) と いえども
(C) は おろか (D) に かかわって

163. つい口が________、彼女の秘密を話してしまった。

(A) 走って (B) 浮いて
(C) 出て (D) 滑って

164. 息子は合格の知らせを聞いた________、飛び出していった。

(A) なり (B) とたん
(C) きり (D) ついでに

165. どうしても理解できない問題を姉に説明してもらったら、かえって________

________。

(A) 先生に聞いてみた (B) 分かるようになった
(C) 先生に聞かなかった (D) 分からなくなった

166. 日本語に________チェ先生はだれにも負けない。

(A) かけては (B) よっては
(C) わたっては (D) くらべては

167. 日本の映画が来月全国公開される。________、子供向けである。

(A) さて (B) あるいは
(C) ただし (D) それで

168. 仕事熱心な彼が非難されるのは、理解し＿＿＿＿＿＿。

(A) やすい　　　　　　　(B) られる

(C) みたい　　　　　　　(D) がたい

169. さんざん＿＿＿＿＿末に、留学をあきらめることにした。

(A) 考え　　　　　　　　(B) 考えた

(C) 考える　　　　　　　(D) 考えて

170. 先日、鈴木教授がお書きになった論文を、図書館で＿＿＿＿＿＿＿＿。

(A) お読みになりました　(B) お目にかかりました

(C) 拝見いたしました　　(D) ご覧になりました

Ⅷ. 次の文章を読んで、あとの問いにもっとも適当な答えを一つ選んでください。

[171〜173]

①<u>お年寄り</u>らに、「おれ、おれ」などと息子や孫のふりをした電話をかけ、銀行などにお金を振り込ませる詐欺を②『**おれおれ詐欺**』と言います。「交通事故を起こして、お金がいる」「借金が返せない」などといって、だますのです。警察庁の調べによると、今年1〜10月に警察に被害の届けがあったのは、3807件(そのうち未遂に終わったのは1039件)でした。被害総額は、22億6000万円にのぼっています。今年に入ってから被害が目立ち始め、5月に③<u>いきなり</u>420件を記録。10月には1158件を超えました。首都圏を中心に全都道府県で被害が出ています。

171. ①<u>お年寄り</u>と置き換えられる言葉を選びなさい。

（A）年をとった人
（B）年の若い人
（C）子供
（D）中年

172. ②『**おれおれ詐欺**』について正しいものを選びなさい。

（A）息子や孫が自分の親や祖父母にうそをついてお金を取ることだ。
（B）娘が親や祖父母にうそをついてお金を取ることだ。
（C）本当の息子の真似をして知らない年寄りからお金を取ることだ。
（D）本当の息子にうそをつかせて年寄りからお金を取ることだ。

173. ③<u>いきなり</u>と同じ意味の言葉を選びなさい。

（A）つづいて
（B）どんどん
（C）とつぜん
（D）ついに

インターンシップとは「研修」の意味ですが、学生が自分たちの学ぶ内容や目ざす進路に関係ある会社で、短期間、仕事を体験することも言います。政府のすすめで、大学や高校で盛んに行われています。厚生労働省は来年度、研究会を作って新しい方針を決めることにしました。期間や働いた報酬（給料）をどうするか、などが研究課題です。厚生労働省は「インターンシップは授業の①一環で、アルバイトのようにお金をもらったり就職活動に結びつけたりするべきでない」と考えてきました。でも実際は学生を安い働き手として使う会社や、卒業後の採用につなげる会社があるなど、問題も出ています。

174. ①一環と置き換えられるものを選びなさい。

（A）一筋
（B）一部
（C）一巻
（D）一間

175. 本文に合わないものを選びなさい。

（A）学生たちが短期間、仕事を体験することをインターンシップと呼ぶ。
（B）国もインターンシップを奨励している。
（C）インターンシップが終わった後にその学生を雇う会社もある。
（D）インターンシップはアルバイトと同じだ。

山田様にはご無事にご退院との由、心からお喜び申し上げます。

会社のために①**粉骨砕身**のご精励をなさるのには敬服いたしますが、何よりも健康第一かと存じます。これからはまず御身お大切に、当分の間はごゆっくりとご静養なさいますよう、心からお祈り申し上げます。

まずは、ご退院のお祝いまで。

敬具

176. これは何の手紙ですか。

（Ａ）退社祝いの手紙

（Ｂ）退院祝いの手紙

（Ｃ）近況報告の手紙

（Ｄ）季節のあいさつ

177. ①**粉骨砕身**の意味に近いものを選びなさい。

（Ａ）疲労がたまる

（Ｂ）一生懸命

（Ｃ）いろいろ

（Ｄ）睡眠不足になる

[178～180]

平成12年10月から13年10月までの間に何らかのボランティア活動を行った人は、3263万4000人。10歳以上人口の28.9％を①**占めています**。5年前「②**防災**とボランティアの日」が施行された平成8年の時点よりも443万2000人増加し、3.6ポイント上昇しています。年齢別に見ると、40歳代前半が38.4％と最も高く、逆に20歳代後半が18.3％と最も低くなっています。前回の調査に比べ、すべての年齢層でボランティア活動参加者が増加していることが分かります。　③________10代から20代前半で大幅に増加しています。

178. ①**占めています**の正しい意味は何ですか。

（A）占有しています
（B）占拠しています
（C）占っています
（D）選んでいます

179. ②**防災**の読み方は何ですか。

（A）ばんせ
（B）ほうせ
（C）ほうせ
（D）ぼうさい

180. ③________に入る適当な言葉は何ですか。

（A）やはり
（B）さらに
（C）とくに
（D）しかし

中学生に読めて、大人に読めないもの、な～んだ？というなぞなぞも出来てしまいそうな「ギャル①文字」が、女子中学生の間で人気です。別名「へた文字」とも呼ばれ、携帯電話のメールを打つ際にひらがなや漢字を分解し、半角・全角文字、記号、特殊文字などを組み合わせて作り直す文字のことです。大人には暗号か、文字化けにしか見えませんが、女子中学生たちはパズル感覚で解読し、着々と文字のバージョンアップをはかっています。

181.　①文字の読み方を選びなさい。

（A）もんじ
（B）むんじ
（C）もじ
（D）むじ

182.　ギャル文字についての説明で正しくないものを選びなさい。

（A）ギャル文字は大人に読めない。
（B）ギャル文字はひらがなだけで書かれている。
（C）ギャル文字は変化している。
（D）ギャル文字は字以外の記号も使う。

日本郵政公社は、顔写真などを切手シートに組み込んだ「写真付き切手」の作成サービス
を4月19日から始めました。「世界に一つのマイ切手」がキャッチフレーズで、「プリクラ」
人気に①**あやかって**若者の手紙離れに②**歯止めをかけたい**考えです。80円切手4枚と写
真4枚の組み合わせで1シート500円で販売しています。果たしてどれだけ若者の心をいと
められるかが楽しみです。

183. ①**あやかって**の意味は何ですか。

(A) 変化して
(B) それと同じようになって
(C) まねをして
(D) あやつって

184. ②**歯止めをかけたい**とはどんな意味ですか。

(A) ブレーキをかけたい
(B) 歯形をとること
(C) 歯でくいしばること
(D) 歯ぎしりすること

185. 本文の内容として正しいのはどれですか。

(A) プリクラ好きの若者をターゲットに写真付き切手を売り出した。
(B) 若者の手紙離れを防ぐために考えられたアイデアが写真付き切手である。
(C) 若者の心をつかむためには若者の心を知ることが大事である。
(D) プリクラの人気がなくなってきたので写真付き切手でヒット商品を狙っている。

[186～188]

小学生にとって、友達や家族との会話は大切な情報のもとになっている、ということがわかりました。大阪府が、去年7月から8月にかけて、府内の小学校高学年約800人に聞きました。テレビや新聞、インターネット、家族との会話など9つを①<u>挙げ</u>、②<u>普段</u>の話題にとり入れているものを選んでもらいました。1番多かったのは友達との会話。4人に3人が選んでいます。2位がテレビ、3位が家族との会話で、4位以下を大きく引きはなしました。9つのうち、自分にとって大切と答えた割合が最も高かったのは、家族との会話でした。保護者と話す内容は、学校などでの出来事、テレビで知ったことなどが上位に挙がっています。

186. ①<u>挙げ</u>はどう読みますか。

（A）くげ
（B）あげ
（C）きょげ
（D）かかげ

187. ②<u>普段</u>と置き換えられるものを選びなさい。

（A）日常
（B）最近
（C）時々
（D）特別な時

188. 内容に合っているものを選びなさい。

（A）この調査は大阪府の小学生全学年を対象に行われた。
（B）答えは9種類あった。
（C）友達との会話が最も多い答えだった。
（D）家族との会話が大事だという答えは少なかった。

「英語で授業を行いバイリンガルの国際人を育てる小中高一貫校」や「地元の金物職人が教師として教壇に立つ小中学校」！さらに株式会社やNPO法人が学校を?! 4月1日から政府が受け付けを始めた①"教育特区"には、自治体や企業、NPOなどから、こうしたユニークな学校の構想が次々に②寄せられ、4月21日に行われた第1弾認定式では、群馬県太田市、徳島県海部町、東京都八王子市などの各自治体首長らに認定証が交付されました。

189. ①"**教育特区**"の例として本文に書かれていないものを選びなさい。

（A）その地域のいろいろな専門家が先生になって講義をする。

（B）小学校から高校までが同じ学校だ。

（C）先生がバイリンガルだ。

（D）自治体や企業も参加したユニークな学校だ。

190. ②<u>寄せられ</u>と置き換えられるものを選びなさい。

（A）書かれ

（B）送られ

（C）作られ

（D）寄付され

①<u>台詞</u>を使わず、劇的な物語をダンスで展開する舞踏劇。'85年にN.Y.で各誌に評価された作品を本邦初公開！
　演出・構成・振付：　京えり，
　出演：　須貝哲也，　大吉広行，　望月智子，　広田昭彦ほか。

191. ①<u>台詞</u>の正しい読み方は何ですか。

　（A）　せりふ
　（B）　だいふ
　（C）　だいことば
　（D）　せりことば

192. 内容と一致するものを選びなさい。

　（A）　世界初公開のダンス劇である。
　（B）　ニューヨークの演出家の作品である。
　（C）　劇中に言葉のないものである。
　（D）　ダンスパーティである。

[193~194]

横河個別指導学院と申します。
受験や苦手克服、部活との両立など、生徒の目的や性格、学力にあわせたきめ細かな指導を行う個別指導塾です。講演中心の授業で「分かる」から「できる」へ。安心の月謝制、2週間のクーリングオフ制度、お客様相談室など、アフターケアは万全です。
ぜひ一度サイトの方をご覧下さい。

193. これは何の案内ですか。

（A）大手予備校の案内
（B）授業の案内
（C）講演会の案内
（D）個人指導の塾の案内

194. 詳しいことを知りたい人はどうしたらいいですか。

（A）お客様相談室を利用する。
（B）クーリングオフ制度を利用する。
（C）インターネットでチェックする。
（D）案内を良く見る。

[195～197]

今年4月、内閣府は「中高年の過剰感が若年の採用を①**抑制**している」という報告を行いました。終身雇用に守られ、年功制による高額賃金を受け取っている中高年が人件費を圧迫し、その結果、企業は若者を雇用できないというのです。「中高年の雇用・賃金体系を見直せば若者の就職機会が増えるのか」という世代間の問題を問う議論が②**盛んになって**きています。

195. ①**抑制**の読み方は何ですか。

（A）あつせい
（B）あっせい
（C）ようせい
（D）よくせい

196. ②**盛んになって**と置き換えられるものを選びなさい。

（A）行われて
（B）少なくなって
（C）活発になって
（D）うるさくなって

197. 本文の内容と違うものを選びなさい。

（A）企業が若者を採用できないのは中高年ばかり雇うからではない。
（B）中高年の雇用体系を見直せば若者の就職機会は増えるはずだ。
（C）中高年の終身雇用・年功制による人件費のため企業は若者を雇用できない。
（D）企業が若年の採用を抑制するのは中高年の過剰感のためだと報告された。

小学校などの「基礎教育」を発展途上国が行うために、先進国はどのくらい支援しているか。世界の先生たちの組合などで作る非政府組織①「**教育のためのグローバルキャンペーン**」が、各国の取り組みを評価し、成績表の形で発表しました。日本は、100点満点中32点で、AからFの6段階評価では「D」。22か国中15位でした。5つの「科目」のうち最も良かったのは「自分の国の利益よりも②**貧しい**人々をどれだけ優先しているか」では「B」でした。援助をする際、日本は自分の国に都合のいい条件をつけることが少ないと評価されました。「援助目標額をどれだけ達成したか」は「E」、「援助の中で基礎教育分野をどれだけ優先しているか」は「F」でした。アメリカは20位、イギリスは13位でした。

198. ①「**教育のためのグローバルキャンペーン**」と置き換えられる言葉は何ですか。

  （A）教育のための巨大化キャンペーン
  （B）教育のための国際化キャンペーン
  （C）教育のための進化キャンペーン
  （D）教育のための緑化キャンペーン

199. ②<u>貧しい</u>の正しい読み方は何ですか。

  （A）とぼしい
  （B）まずしい
  （C）やさしい
  （D）びんしい

200. 本文の内容と一致するのはどれですか。

  （A）取り組みを評価したのは、非政府機関だ。
  （B）日本は、基礎教育分野の援助を優先していると言える。
  （C）日本の取り組みは、アメリカよりも悪いと評価された。
  （D）日本は、世界中のほかの国々に比べて、貧しい人々よりも自分の国の利益を優先していると言える。

PART 1

01. (A) シャッターを閉めています。

(B) シャッターが閉まっています。

(C) シャッターははずしてあります。

(D) シャッターを閉めているところです。

02. (A) 歩道橋でタクシーを待っています。

(B) 歩道で人が通りすぎるのを待っています。

(C) 二人の人が横断歩道を渡っています。

(D) 横断歩道の前で信号が変わるのを待っています。

03. (A) この先は工事中で通行止めになっています。

(B) ブルトーザーで地面を掘っています。

(C) 工事現場はビルとビルに取り囲まれた所にあります。

(D) 工事現場の横は交通量が多い道路です。

04. (A) ここは人でにぎわって、車が通れません。

(B) ここは何もない広々とした場所です。

(C) きちんと立って列をつくって並んでいます。

(D) ここは人で込んでいて、身動きがとれません。

05. (A) 歩道には人影が見えません。

(B) 前方の都心に向かって車は走っています。

(C) 車道のすぐ横には街路樹が並んでいます。

(D) 道が空いていて、車の流れがスムーズです。

06. (A) 子供たちは居眠りをしています。
　　(B) 子供たちは横になって寝ています。
　　(C) 子供たちはうつ伏せになってこちらを見ています。
　　(D) 子供たちは上を見上げて遊んでいます。

07. (A) 電車の中は満席状態です。
　　(B) 電車の中は空席が目立ちます。
　　(C) 電車の中の広告は窓に貼ってあります。
　　(D) この電車に乗っている人はあくびをしています。

08. (A) 舞台の端でお祭りを楽しんでいます。
　　(B) 屋外ステージでは楽器の演奏中です。
　　(C) ここは屋内ステージなので皆厚着です。
　　(D) 着物を着て帯をしめて太鼓をたたいています。

09. (A) 雨がしとしとと降っているようです。
　　(B) 雨がざあざあ降って服がずぶ濡れです。
　　(C) みんな歯を出して笑顔でポーズをとっています。
　　(D) 四人とも雨が小降りなので傘を折りたたんでいます。

10. (A) ここは夜間だけ営業しているレストランです。
　　(B) この店はガラス張りで中の様子がよく見えます。
　　(C) この店の入り口は階段を上がった二階にあります。
　　(D) この店の名前は英語のみで書かれています。

11. (A) みんな傘をさして歩いています。
　　(B) みんなずぶぬれになって歩いています。
　　(C) 傘をさしていない人も歩いています。
　　(D) みんな傘をささないで歩いています。

12. (A) 豪華な家庭料理が並べられています。

(B) いろいろな形や大きさの食器が並んでいます。

(C) おおきな皿に数々のおかずが盛られています。

(D) おおきなどんぶりに様々な料理が盛り付けられています。

13. (A) ホームに電車は見えません。

(B) 電車を待つ人はきれいに列を作っています。

(C) うつむいている人は足をずらして立っています。

(D) ホームの中央には大きなトランクが転がっています。

14. (A) 駅のホームは通勤客であふれています。

(B) 改札口は人がまばらですいています。

(C) 人であふれて駅のホームはぎゅうぎゅうです。

(D) 電車を待っている人の姿がちらほら見えます。

15. (A) 大人たちはベンチにしゃがんで座っています。

(B) 大人はかばんをかついで立っています。

(C) 子供はこちらに背を向けて立っています。

(D) 子供は噴水の前で背伸びをしています。

16. (A) 300円以下のお皿もあります。

(B) 何個買っても三百円の特売売り場です。

(C) 多数の中から好きなものを選んで購入できます。

(D) どれを買っても一袋三百円で買えます。

17. (A) 女の人は右肩にバックを下げています。

(B) 女性は犬のフンを片付けています。

(C) 男性はひざまずいて犬を抱えています。

(D) 男の人は犬をなでようと体をかがめています。

18. (A) ベッドは縦一列に並んでいます。

(B) ベッドはお互いピッタリついて並んでいます。

(C) ベッドは横一列に並んでいます。

(D) ベッドは向かい合って並べてあります。

19. (A) 人形は子供を肩車しています。

(B) あぐらをかいて座っている人形は店員です。

(C) 人形は組んでいる足に手を置いています。

(D) 子供は床にしゃがんでポーズをとっています。

20. (A) 品物が所せましと並んでいます。

(B) 店先には商品がきれいに壁に飾られています。

(C) 山積みになった品物が置かれています。

(D) 店の商品がぐちゃぐちゃに積んであります。

PART 2

21. 朴さんは英語がお上手だそうですね。

（A）はい、とても。

（B）ええ、本当に。

（C）はい、そうです。

（D）いいえ、まだまだです。

22. 暖房を消しましょうか。

（A）はい、消しません。

（B）いいえ、つけておいてください。

（C）はい、ついています。

（D）いいえ、消しておいてください。

23. 失礼ですが、大学生ですか。

（A）いいえ、会社員です。

（B）はい、大学に入りたいです。

（C）いいえ、大学生です。

（D）はい、大学生じゃありません。

24. このボールペン、いくらですか。

（A）一冊で、100円です。

（B）一枚で、50円です。

（C）一本で、100円です。

（D）一足で、 50円です。

25. 紙くずをやたらに捨てないでください。

（A）すみません。つい捨てちゃって。

（B）すみません。わざと捨てちゃって。

（C）すみません。ついに捨てちゃって。

（D）すみません。思いがけなく捨てちゃって。

26. 書類はどこに出せばいいですか。

   （A）受付のほうに伺ってみてください。

   （B）受付のほうにお伺いしてください。

   （C）受付のほうにお聞きしてみてください。

   （D）受付のほうにお聞きになってみてください。

27. どうしたんですか。目が真っ赤ですよ。

   （A）夕べはぐっすり眠ったから。

   （B）昨日はひまだったから。

   （C）夕べは全然眠れなかったから。

   （D）昨日は何も食べられなかったから。

28. コーヒーも紅茶もないのですが、ジュースでもよろしいでしょうか。

   （A）ええ、ジュースがいいです。

   （B）ええ、ジュースでもいいです。

   （C）ええ、ジュースももらいます。

   （D）ええ、ジュースなら何でも好きです。

29. 期末テストでいい成績をとって、先生にほめられました。

   （A）もっと勉強すればよかったのに。

   （B）もう勉強しなくてもいいですね。

   （C）先生のおかげです。

   （D）それはよかったですね。

30. テニスの後は、やっぱり冷たいのをぐっと...

   （A）そうですか。どうぞ。

   （B）そうですね。焼き肉でも食べに行きましょう。

   （C）そうですね。冷めないうちに飲んだほうがいいですね。

   （D）そうですね。ビールでも飲みに行きましょう。

 초스피드 JPT 100up

31. いただきます。

   （A）どうぞ。

   （B）ありがとう。

   （C）お粗末さま。

   （D）どういたしまして。

32. あいにく社長は出かけておりますが...

   （A）じゃ、わかりました。

   （B）では、伝言をどうぞ。

   （C）では、伝言お願いできますか。

   （D）じゃ、あとでかけ直してください。

33. あなたは誰に日本語を教えてもらいましたか。

   （A）私が教えてあげました。

   （B）池田さんに教えてあげました。

   （C）私に教えてもらいました。

   （D）池田さんに教えてもらいました。

34: こちらは大阪からおいでになった清水さんです。

   （A）大阪から参りましたか。

   （B）どう答えていいか分かりませんね。

   （C）お目にかかれてうれしいです。

   （D）こちらこそ、よろしくお願いします。

35. なんで昨日は欠席したの？

   （A）すみません。欠席しました。

   （B）だって、昨日じゃなかったです。

   （C）ええ、欠席したくなかったです。

   （D）なぜならば、熱が出て寝込んでいたからです。

36. 駅はどこにありますか。
（A） 道が込んでいると30分もかかります。
（B） 地下鉄で行ったら間に合うかもしれません。
（C） この道をまっすぐ行って右に曲がったところにあります。
（D） やっぱり地下鉄で行った方が早いです。

37. あのう、実は明日都合があって、会社を一日休ませていただきたいんですが…
（A） いつもお宅は留守ですか。
（B） 仕方ありませんね。いいですよ。
（C） 答えようがない質問ですね。
（D） 体の具合がおかしいんじゃありませんか。

38. ここの海水浴場はとてもすてきでいいですね。
（A） また山に行ったんですね。
（B） ええ、水はきれいでしたね。
（C） ええ、海がきれいですからね。
（D） ええ、何と言っても温泉が一番ですね。

39. 中村さんって本当においしそうに食べていますね。
（A） だって本当に食べたもん。
（B） だって本当においしいもん。
（C） だって本当にお腹が一杯だもん。
（D） だって本当においしくないもん。

40. 日本の歴史について知っていますか。
（A） はい、知ります。
（B） いいえ、知りません。
（C） はい、知りました。
（D） いいえ、知っていません。

41. この料金は部屋代だけですか。

（A） はい、どうぞ。

（B） はい、一泊8千円でございます。

（C） はい、食事代は入っておりません。

（D） はい、サービス料金が入っています。

42. どうしてバスに乗って来なかったんですか?

（A） はい、来ませんでした。

（B） タクシーが捕まらなかったんです。

（C） バスの中で、居眠りしたんです。

（D） 時間を間違って乗れなかったんです。

43. そろそろ子供を迎えに行かねばならないので...

（A） あっ、いけない。

（B） やっぱり そうだったんですね。

（C） そんなに遠慮しないでください。

（D） あっ、ごめん。気が付かなくて。

44. 荷物、お持ちしましょうか。

（A） どうぞ。

（B） こちらこそ。

（C） お願いします。

（D） どういたしまして。

45. 今日はお風呂に入ってから食事をしました。

（A） 食事してからお風呂に入ったんですね。

（B） 食事するからお風呂に入ったんですね。

（C） 食事する前にお風呂に入ったんですね。

（D） 食事するためにお風呂に入ったんですね。

46. いつ韓国にいらっしゃいましたか。

（A）昨日まいりました。

（B）今日まいります。

（C）明日いらっしゃいます。

（D）金さんといらっしゃいました。

47. 昨日から少し熱があって頭がいたいんです。

（A）それはお元気で。

（B）それは失礼します。

（C）それはいけませんね。

（D）それはありがたいですね。

48. 彼女とは顔見知りなんですか。

（A）ええ、妹の紹介で一度会ったことがあります。

（B）ええ、人の顔を見たらすぐ覚えます。

（C）ええ、ぜひ一度顔が見たいです。

（D）ええ、赤の他人です。

49. もう くたくたで歩けないよ。

（A）じゃ、わかりました。

（B）じゃ、ごゆっくり。

（C）じゃ、一休みしよう。

（D）じゃ、走って行こう。

50. すみませんが、1万円札を崩していただけますか。

（A）はい、1万円以上は無理ですか。

（B）はい、1万円お預かりいたしました。

（C）はい、なるべく早めに返してください。

（D）はい、千円札、10枚でよろしいですか。

PART 3

51. 女：金さん、試験勉強、進んでいますか。

男：いやあ、それが勉強のコツがわからなくて。

女：先生に相談してみたらどうですか。

男：そうですね。一人でくよくよ悩んでてもどうにもならないですからね。

52. 男：良子さん、昨日のテストどうでしたか。

女：う～ん、よくわからないけど、まずまずってとこですね。

男：僕もですよ。結果が気になりますね。

女：でも、もう過ぎたことです。忘れましょう。

53. 女：山田さん、風邪はもういいんですか。

男：ええ、おかげさまで。

女：よかったですね。早くよくなって。

男：あれがよく効いたんですよ。ありがとうございました。

女：あ、私があげた薬ですか。

54. 女：昨日から始まったドラマ、見ましたか。

男：ああ、あれ？ 主人公の女優がなんかいまいちだよね。

女：あ、やっぱりそう思いましたか。

男：それに、ストーリーも何だか幼稚じゃないですか。

55. 女：吉田さん、顔色悪いですよ。もうこの辺にしておいた方がいいんじゃないですか。

男：ありがとう。でも部長のすすめだから、飲まないわけにはいかないんだ。

女：そんなこと言って。はっきり言えばいいじゃないですか。

男：そうはいかないですよ。

56. 男：吉田さん、明日は日本は休みですか。

女：はい。明日は春分の日で休みなんですよ。

男：いいですね。韓国は休みじゃないですよ。

女：日本は秋分の日も休みですよ。

男：うらやましいですね、休みが多くて。

57. 女：田中さん、昨日の宿題できましたか。

男：まさか。あの木村さんでさえ出来なかったというのに、この僕にできるわけがないじゃないですか。

女：私も自信ないんですよね、これでいいのか。

58. 男：いやになりますね。こんなんじゃ一生働いたって、マイ・ホームなんて夢のまた夢ですよ。

女：そうですね。宝くじにでも当たらない限り、無理ですよね。

男：ため息の連続ですよ、全く。

59. 男：木村さん、明日遊園地へ行くんですって。デートですか。うらやましいな。いつも予定があって。

女：デートですって。遊園地どころじゃないですよ。あさってプレゼンテーションすることになったんですよ。今日から徹夜覚悟ですよ！

60. 女：いやだわ。またコピー、壊れたわ。

男：いい加減、新しいの買ったほうがいいんじゃないかと思いますけどね。もう寿命ですよ。

女：私もそう思うんですけどね。社長がね。

61. 女：電車の中で通話しているのって気になりますよね。

男：う～ん、車内で携帯使ってるの、気になることは気になるけど。僕は音漏れの方がいやだな。でも大声で話してるのより、ましかな。

女：どちらにしても、最近なってないですよね。電車の中でのマナー。

62. 女：大丈夫ですか。鈴木さん、昨日は本当に飲みましたね。

男：それが、あまり覚えていないんですよ。2軒目のお店に行ったところまではうっすらと覚えているんですが...

女：その2軒目が問題だったんですよ。

63. 男：京子さん、昨日の資料、全部目を通しましたか。

女：ええ。それと次の資料も読んで、両方ともまとめておきました。

男：え？　もう両方やったんですか。かなわないなあ。

女：当たり前ですよ。他にもすることたくさんあるんですから。

64. 女：ああ、また叱られちゃった。私って、ほんとうに駄目ね。会社、辞めたほうがいいのかな。

男：またまた。いつまでもくよくよしてないで。おいしいものでもご馳走するから。
元気を出して。

女：本当ですか。じゃあ、がんばろう！

65. 女：田中さん、聞きましたか。山田さん、東京大学に合格したんですって。

男：そうですか。彼はこつこつ勉強していましたからね。それにしてもすごいですね。

女：今度、お祝いしましょう。

66. 女：3千円ですか。もう少し安くしてください。

男：お客さん、これ、かなり勉強したんですよ。

女：もう少し。2千円。

男：お客さん、無茶言わないでくださいよ。あと5百円だけ負けときますから。

67. 女：高田さんって、男はお金持ちじゃなきゃ駄目なんですって。

男：そりゃ、お金があるのに越したことはないでしょう。

女：そうですけど、なんか現実的過ぎますよね。

男：でも、ないよりいいでしょう。誰だって。

68. 女：吉田さん、木村さんって昔、悪いことばかりしていたんですって。

男：う～ん、でもね、悪い仲間とはすっかり手を切って、今は真面目に仕事一筋だよ。

女：そうじゃなくちゃ困りますものね。

69. 男：今日の歓迎会、どこでしましょうか。いつもの所にしますか。

女：またですか。いつも居酒屋ばっかりだから、今回はどこかおしゃれな所でしたいですね。

男：僕もそう思うんですけどね。予算次第ですよ。

70. 男：今日のところは私におごらせてください。

女：でも、この間も払っていただいたし・・・

男：いやあ、吉田さんに手伝ってもらわなかったらどうなっていたことか。
　　今日のところは任せてくださいよ。

女：そうですか。そこまでおっしゃるならお言葉に甘えて・・・

71. 男：田中さん、どちらに行かれるんですか。

女：ちょっと銀行へお金を下ろしに。

男：それなら早く行ったほうがいいですよ。月曜日で込んでいますから。

女：そうですね。3時には閉まりますし、早く行かないと。

72. 男：このところ、何だかはっきりしない天気が続きますね。

女：ええ、本当に。

73. 男：明日映画でも一緒に見に行きませんか。

女：明日ですか。すみません、明日はお見舞いに行くんですよ。

男：じゃあ、しかたないですね。

女：これに懲りずにまた、声をかけてくださいね。

74. 男：もう遅いからタクシーに乗るしかないですね。

女：今、12時半ですか。じゃあ、もう割増料金ですね。

男：ええ、深夜から早朝までは2割増ですよ。

女：今度からは電車のあるうちに帰らなくちゃいけませんね。

75. 女：吉田さん、近頃週末に電話してもいつもいませんね。

男：ええ、どうやらスノーボードにはまっているみたいですよ。

女：え？知りませんでしたよ。あれって危なくないんですか。

男：さあ、どうかな。僕は一度もしたことないんで。

76. 女：どうですか。新製品の反応は。

男：いやあ、参りましたよ。朝から問い合わせの電話がひっきりなしですよ。

77. 女：え、これもお店からのサービスなんですか。すごいですね。

男：ええ、このお店のご主人とは昔からの付き合いでよく知っているからいつもサービスして

　　もらえるんですよ。

女：それにしても、ここのご主人、気前がいいですね。

78. 女：木村さん、報告書まとめましたか。2時までですよ。

男：ええ。今2時5分前ですね。あと2分で出来ます。

女：よかった。私もこれで一安心です。

男：でも5時から明日のプレゼンテーションの打ち合わせも入っていますね。

女：あ、打ち合わせは来週の月曜になったんですよ。

79. 女：田中さん、今日はバスで来ましたか。

男：いいえ、地下鉄でした。今日は本当に人が多くて身動きひとつできませんでしたよ。

女：私もです。明日から少し早く来たほうがいいかしら。

80. 女：せっかくいらっしゃったんですから。食事も一緒にしていってください。

男：いえいえ、すぐに帰りますから。どうぞお構いなく。

女：遠慮しないで、食べていってください。たいしたものは作れませんけど。

PART 4

(81〜82)

読売ジャイアンツと日本ハムファイターズの本拠地が東京ドームです。日本で始めての屋根つき球場として1988年3月17日に誕生し、上から見るとたまごの形をしているところから、ビッグエッグと呼ばれています。試合の時はなんと5万5000人が入れるのです。ドームの隣には「こうらくえん」があり、観覧車が動いていました。

(83〜84)

小学生と写真との関わりについてのアンケートによると、写真をとる時のポーズは、男女ともに1位が「Vサイン」。女子はつづいて「ニコッと笑う」で、半数以上いました。男子は笑顔よりも「おかしな顔をする」と答えた子が多く、3人に一人の割合でした。「特にない」という子も、女子の倍近くいました。

(85〜86)

レッサーパンダのデールが、他のレッサーパンダと違うのは、なんと芸をするのです。今までに様々な取材をこなしています。最近では、すっかり大物女優ぶりを発揮し、取材の際に「デールちゃん、カメラに向かって歩いてきて。はい、そこで振り返って。そのままカメラをしばらく見つめて！」という要求にちゃんと答えるなど、飼育担当の人が驚いてしまうほどの女優ぶりを見せてくれます。

(87〜88)

一人の女の人が一生のうちに産む赤ちゃんの数は平均1.33人で、戦後もっとも少なくなりました。生まれた赤ちゃんの数も、去年は117万665人と、前の年より2万人近く減っています。ここ100年あまりの間で、一番少ないそうです。年をとってから結婚する人や、結婚しても子供を産まない人が増えていることが原因だといいます。

(89〜90)

1/1〜15日の期間、館内で3,000円以上ご利用の方に抽選で、「極上の横浜を堪能できる」ステキな賞品をカップルでプレゼント。2F特設抽選会場にレシートをお持ちいただき、お買い上げ金額に応じた回数で抽選ができます。

(91〜93)

この時期、ふるさとや海外ですごす人たちの大移動で交通機関がこみあいます。成田空港では10日、この夏最高の約4万8900人が海外に飛び立ち、東海道新幹線の下りも1日じゅう満席だったそうです。17, 18日ごろには、家に帰る人の「Uターンラッシュ」がピークを迎えるとみられます。

(94〜95)

名前を呼ばれたら、飼い主の目を見る習慣をつけると、犬は飼い主の言うことを聞きます。トレーニングには犬の好きなごほうびを使います。飼い主と目が合えばごほうびがもらえると、犬に覚えさせることから始めます。

(96〜97)

公立の小中学校で、先生一人あたり何人の児童・生徒がいるかを調査したところ、日本の小学校は18.7人、中学校は15人でした。これはアメリカより多く、中国などよりは少ない数でした。高校への進学率は、日本は93.9パーセントで、トップ。大学への進学率は、日本は49.4パーセントでした。

(98〜100)

仙台市の小中学校で給食費の滞納が急増している。2002年度は滞納が過去最高の1568世帯、約3501万円に上った。生活困窮も少なくないが、半数以上は「払いたくない」などの身勝手な理由。滞納のしわ寄せで給食の質を落とさざるを得ない学校もあり、親の間で不公平感が強まりそうだ。

<청취문제>

(1) B	(2) D	(3) C	(4) A	(5) D
(6) C	(7) B	(8) B	(9) A	(10) C
(11) A	(12) B	(13) C	(14) D	(15) C
(16) C	(17) D	(18) C	(19) C	(20) A
(21) D	(22) B	(23) A	(24) C	(25) A
(26) D	(27) C	(28) B	(29) D	(30) D
(31) A	(32) C	(33) D	(34) C	(35) D
(36) C	(37) B	(38) C	(39) B	(40) B
(41) C	(42) D	(43) D	(44) C	(45) C
(46) A	(47) C	(48) A	(49) C	(50) D
(51) A	(52) B	(53) C	(54) D	(55) C
(56) B	(57) B	(58) C	(59) D	(60) C
(61) C	(62) D	(63) D	(64) B	(65) C
(66) C	(67) A	(68) A	(69) D	(70) B
(71) C	(72) D	(73) B	(74) D	(75) D
(76) C	(77) B	(78) D	(79) A	(80) C
(81) B	(82) D	(83) C	(84) A	(85) D
(86) A	(87) B	(88) C	(89) C	(90) B
(91) B	(92) A	(93) D	(94) A	(95) C
(96) B	(97) B	(98) C	(99) C	(100) B

(101) B	(102) C	(103) B	(104) C	(105) A
(106) B	(107) C	(108) A	(109) C	(110) D
(111) C	(112) B	(113) D	(114) C	(115) A
(116) C	(117) D	(118) D	(119) C	(120) D

(121) B きれい → きれいな (122) A 見る → 受ける
(123) C 着る → 着ている / 着た (124) C くれた → もらった
(125) A 遅いても → 遅くても (126) A で → に
(127) B ことを → ところを (128) D 聞ける → 聞いた
(129) A 番 → 回 / 度 (130) A 近い → 近くの
(131) C に → で (132) D 怒ります → 怒りません
(133) B 終わるなら → 終わったら (134) D まさか → とうてい / とても
(135) C すきます → すきました (136) A に よって → に よると
(137) A ご → お (138) B 心 → 気
(139) D いた → あった (140) C すっきり → すっかり

(141) D	(142) D	(143) A	(144) B	(145) C
(146) C	(147) B	(148) C	(149) B	(150) D
(151) D	(152) C	(153) D	(154) B	(155) C
(156) D	(157) B	(158) A	(159) A	(160) C
(161) A	(162) C	(163) D	(164) B	(165) D
(166) A	(167) C	(168) D	(169) B	(170) C
(171) A	(172) C	(173) C	(174) B	(175) D
(176) B	(177) B	(178) A	(179) D	(180) C
(181) C	(182) B	(183) C	(184) A	(185) B
(186) B	(187) A	(188) C	(189) C	(190) B
(191) A	(192) C	(193) D	(194) C	(195) D
(196) C	(197) B	(198) B	(199) B	(200) A